스타일리스트 사토 카나의

사랑스럽고 예쁜
여자아이 옷

사토 카나 지음 | 왕언경 옮김 | 문수연 감수

이아소

들어가며

꼬마 숙녀의 옷은 보는 것만으로도 앙증맞고 귀엽
습니다. 저도 딸아이가 있어 함께 멋 내기를 즐깁
니다. 그동안 아이와 함께 즐기며 느꼈던 것을 구
체화해 이 책에 정리해보았습니다. '귀엽고 실용적
인 옷'과 '이런 옷이 있으면 좋을 텐데' 하고 생각
했던 아이템과 이를 활용한 스타일링을 제안해 봅
니다. 애정을 담뿍 담아 손수 만든 옷을 사랑스럽
게 봐주신다면 정말 기쁘겠습니다.

사토 카나

CONTENTS

사계절 내내 활용하는
스타일 제안!

column

매일 쓰는 아이 소품
레슨 백·슈즈 케이스·이동 포켓

pattern A

편안한 탑

심플한 크루 네크라인 탑은 아이가 옷을 입고 벗기 쉽도록 단추 대신 뒤 몸판의 목둘레에 고무줄을 넣어 마무리했다. 어깨처짐이 있는 디자인으로 입었을 때 세련된 분위기가 난다. 실용성과 멋을 동시에 만족시키는 패턴이다.

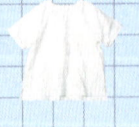      

1   2   3   4   5   6   7

A-1

포켓 달린 하얀 탑

포켓 달린 티셔츠 이미지로 만들었다. 밑단 양옆
에는 트임을 넣고, 뒤 몸판을 약간 길게 한 디자인
이다.

how to make --> p.58

A-2

프릴 소매 블라우스

선명한 블루 리넨을 사용했다. 소매로 붙인 커다
란 프릴이 움직일 때마다 살랑살랑 흔들려 시원스
럽다.

how to make --> p.61

A-3

밑단 프릴 블라우스

소매를 따로 붙이지 않고, 어깨처짐이 있는 프렌치 슬리브 디자인이다. 기장을 짧게 하여 밑단에 프릴을 달았다.

how to make --> p.62

A-4

둥근 칼라 원피스

기장은 늘이고 앞 몸판에 새하얀 칼라를 단 정장
스타일의 원피스이다. 모노톤으로 시크한 분위기
를 냈다.

how to make --> p.64

A-5

세로 프릴 블라우스

같은 천으로 만든 프릴 2줄을 세로로 끼워 넣었다. 프릴 부분의 천을 달리하거나 시판 레이스로 꾸며도 좋다.

how to make --> p.63

A-6

기하학무늬 원피스

개성 넘치는 텍스타일 원피스를 멋지게 소화할 수
있는 것도 아이만의 특권이다. 거즈 소재라서 촉
감도 좋다.

how to make --> p.66

A-7

프릴 달린 탑

어른 옷으로 호평을 받았던 '프릴 탑'을 아이 사이
즈로 만들었다. 옆모습이 매우 깜찍하고 귀여운
디자인이다.

how to make --> p.67

사계절 내내 활용하는 스타일 제안!

pattern A

품이 넉넉해 겹쳐 입기 편하고
사계절 두루두루 입을 수 있는 디자인이다.
천을 바꿔 만들면
다양하게 코디할 수 있다.

style
4

포인트 컬러로
플란넬 셔츠를
더하다!

style
2

so cute!

style
1

style
3

보기만 해도
시원한 이미지로
살짝 어른스럽게!

style 1
하의에 같은 색 계열의 스트라이
프 팬츠를 매치하면 넉넉한 탑과
어울려 야무지게 보인다. 오렌지
색 구두와도 잘 어울린다.

style 2
빨기 쉽고 후딱 마르는 리넨 탑은
여름 일상복으로 최고. 잔 꽃무늬
쇼트 팬츠와 슬립온이 깜찍하고
발랄한 느낌을 준다.

style 3
조직이 촘촘한 고밀도 코튼은 신
축성도 좋아 외출복으로도 적극
추천. 가방과 부츠는 같은 색 계
열로 통일감을 주었다.

style 4
어른용 코디를 그대로 축소한 듯
편안하고 익숙하게 느껴지는 스
타일. 엄마는 물론 아빠와도 커플
룩을 즐기자.

부츠로 특별한
분위기를 연출!

dress up !

style 5

마드라스 체크는 데님과 아주 잘
어울린다. 데님 미니스커트로 귀
엽게 매치. 겉옷이나 타이츠를 덧
입으면 쌀쌀한 계절까지 입을 수
있다.

style 6

단정한 숙녀풍의 멋쟁이 원피스.
칼라와 같은 흰색 프릴 양말을 매
치하여 순수한 분위기를 연출했
다. 은은한 톤의 가방도 어른스럽
고 멋지다.

style 7

기하학무늬가 주를 이루는 가을·
겨울용 코디. 이너는 겉옷의 무늬
중에서 고른 블루를 매치하여 통
일감 있게 잘 어울린다.

style 8

프릴과 핑크색이라는 소녀 아이
템에 보이시한 오버올(멜빵바지)
을 코디한 믹스 스타일. 스트로
(짚) 소재의 가방과 샌들로 여름
을 만끽해보자.

pattern B

이음선 있는 원피스

여자아이의 여름 워드로브(옷장)에 빠질 수 없는 원피스. 앞여밈 타입은 똑딱단추를 달아 입고 벗기 편하고, 어깨에서 앞뒤를 묶는 타입은 리본 모양이 포인트.

1   2   3   4

B-1

빨강 원피스

눈길을 사로잡는 밝은 빨간색이 소녀를 돋보이게
한다. 부드러운 리넨 소재는 촉감도 좋고 과하게
화려하지도 않다.

how to make --> p.68

B-2

파이핑 원피스

신축성 있는 코튼에 시원한 스트라이프 무늬의 바이어스테이프를 조합했다. 포켓에도 라인을 넣어서 악센트를 주었다.

how to make --> p.70

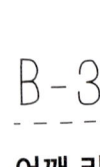

B-3

어깨 리본 튜닉

길이를 줄여 튜닉으로 만들었다.
차분한 그레이 색감에 고운 색상의 하의가 감각적
으로 잘 어울린다.

how to make --> p.71

B-4

프릴 소매 꽃무늬 원피스

프릴을 소매처럼 단 리버티 프린트 원피스. 꽃무 늬 색깔이 선명하고 에뻐서 모든 여자아이들의 눈 길을 사로잡을 것이다.

how to make --> p.72

사계절 내내 활용하는
스타일 제안!
pattern B

적당히 여유로운 진동 둘레와
민소매 디자인은 가을과 겨울에도
다양한 이너와 함께 점퍼스커트로 활용해
입을 수 있는 아이템이다.
코듀로이 소재로 만들어보는 것도 추천한다.

style
3

casual
style

배낭을
악센트로
활용하다

style
2

구두 닦기
소년 같은
씩씩한 스타일

style
1

style
4

bohemian
style

style 1
빨강×검정×흰색으로 꾸민 코디.
심플한 코디에 도트 무늬 레깅스
가 돋보인다. 신발은 새하얀 사보
(나막신)로 산뜻하게.

style 2
체리핑크색 이너를 돋보이게 하
면서, 카스케트(앞 챙이 달린 헌
팅 캡) 니트 모자와 정통 치노 팬
츠를 매치하니 귀여운 워커 스타
일이 완성되었다.

style 3
스니커즈와 화려한 색상의 배낭
을 매치하여 캐주얼한 느낌에 편
안함을 더했다. 스모키한 엷은 그
레이와 퍼플색 파카의 조합도 아
주 잘 어울린다.

style 4
이너는 진한 라벤더 색의 터틀 니
트를 선택. 소재감이 느껴지는 가
방과 양가죽 부츠로 포클로어(민
속풍의 옷차림) 스타일을 살려보
았다.

style
5

정장 구두로
의젓한 분위기
완성

style
7

for
winter

style
6

style
8

with
denim pants

뜨거운 여름은
소매 없이
신나게

style 5

꼭 맞는 감청색 블레이저 자켓을
걸치니, 단아한 잔 꽃무늬 원피스
가 정장으로 격이 높아졌다. 가벼
운 초대에도 OK. 저절로 예의바
른 숙녀가 될 것 같다.

style 6

같은 색 계열인 그레이로 보온성
이 좋은 서멀(thermal) 소재와 느
슨한 데님을 레이어드하여, 편안
하고 따뜻한 코디로 완성. 핑크색
신발로 깜찍하게 마무리.

style 7

빨간색 원피스 위에 활기찬 로고
의 스웨터를 겹쳐 입어 마치 스
커트를 입고 있는 듯. 모카신으로
발에도 계절감을 주었다.

style 8

쇼트 팬츠와 여름 소재의 모자가
있다면 시크한 튜닉도 캐주얼한
느낌으로 다양하게 활용힐 수 있
다. 아웃도어 샌들로 물놀이도 끄
떡없다.

pattern C

깔끔한 팬츠

앞쪽에 포켓을 달고, 허리 고무줄을 뒤에만 넣어
주면 마치 기성복같이 똑 떨어지는 팬츠가 완성된
다. 조금만 손을 보면 더 다양한 모양의 팬츠를 만
들 수 있다.

1   2   3   4   5   6   7   8

C-1

롤업 쇼트 팬츠

덩거리(데님의 일종, 올이 굵은 능직의 코튼지)를
사용해 밑단을 접어 올린 팬츠. 베이식한 소재이
기 때문에 계절과 관계없이 활용하기 좋다.

how to make --> p.78

C-2

올인원 팬츠

전신에 꽃무늬가 있어 꼬마 숙녀 느낌이 나는 올인
원 팬츠. 입고 벗기 편리하도록 어깨끈에 고무줄을
넣어 신축성을 주었다.

how to make --> p.76

C-3

스트라이프 팬츠

천이 두툼한 데님 소재는 튼튼해서 팬츠로 적극
추천한다. 툭 떨어지는 실루엣은 남자아이 옷에도
질 어울린다.

how to make --> p.73

C-4

살로페트 팬츠

가슴받이와 멜빵을 달아 살로페트 팬츠(멜빵바지)
로 변신. 광택이 나는 매끄럽고 골이 자잘한 코듀
로이를 사용하여 고급스럽다.

how to make --> p.79

C-5

호박 팬츠

밑단에 개더를 넣어 실루엣에 약간의 변화를 주었
다. 핑크색 파이핑 테이프로 악센트를 주어 발랄
해 보인다.

how to make --> p.80

C-6

컬러풀 오버 팬츠

스커트 속에 입을 수 있는 귀여운 오버 팬츠가 있으면 좋겠다는 생각으로 만든 디자인. 스모키한 배색도 수작업만의 묘미다.

how to make --> p.81

C-7

스커트가 달린 쇼트 팬츠

벨트 부분에 스커트를 끼워 박아 간단하게 변형했다.
작은 여자아이를 위한 귀여운 쇼트 팬츠이다.

how to make --> p.82

C-8

리본 팬츠

허리에 리본을 단 리본 무늬의 편안한 팬츠.
부드럽고 따스함이 느껴지는 목판 프린트를 사용
했다.

how to make --> p.83

사계절 내내 활용하는
스타일 제안!
pattern C

팬츠라고 해서 사내아이처럼
코디할 필요는 없다.
탑이나 소품을 이용해
귀여운 소녀 스타일로.

style __3__

작게 접으면
여행 갈 때도
편리!

style __2__

with
a knit cap

style __1__

style __4__

with
a rucksack

style 1
퍼 소재의 스톨(일종의 머플러)과
부츠로 쇼트 팬츠를 가을과 겨울
스타일로 변화시켰다. 색감이 예
쁜 꽃무늬 탑을 매치하면 무겁지
않고 밝은 인상을 준다.

style 2
유행을 타지 않는 가로 줄무늬 상
의 코디 연출! 아이들이 좋아하는
동물 모양 모자에 장난꾸러기의
마음을 담았다. 놀고 싶은 마음이
샘솟는다.

style 3
탑을 팬츠 안에 넣고, 허리 리본
을 귀엽게 드러냈다. 어깨에 걸친
카디건이 내추럴한 분위기를 연
출한다. 차분한 톤의 어른스러움
이 느껴지는 코디.

style 4
둥글둥글 사랑스러운 실루엣의
팬츠, 보이시한 기본 아이템과도
잘 어울린다. 새빨간 배낭이 코디
의 포인트.

style
5

very chic

style
7

보이지 않는
멋을 즐기자

style
6

style
8

밑단을 둘둘
말아 올려

with
a cardigan

style 5

부드러운 감촉의 살로페트를 외출
복으로. 어두운 투의 아이템으로
통일감을 준 세련된 가을 옷차림
이다. 마치 소년처럼 차려입었다.

style 6

스트라이프 팬츠에 레이스 블라
우스를 매치하여 귀엽고도 터프
하게 연출. 에이프런 모양의 튜닉
을 겹쳐 입은 사랑스러운 페인터
스타일이다.

style 7

치어리더 같은 발랄한 옷차림. 팔
랑이는 새하얀 레이스 스커트 속
에 배색이 예쁜 오버 팬츠를 겹쳐
입었다. 살짝 보여도 걱정 없다.

style 8

꽃무늬 올인원 팬츠에 느낌 있는
카디건을 걸친 편안한 스타일. 터
들을 이너로 입으면 가을과 겨울
에도 활용할 수 있다.

pattern D

개더 스커트

직사각형 천의 옆을 박아 허리만 마무리하는 기본
적인 개더 스커트이다. 단순한 공정이지만 천 소
재에 변화를 주거나 디자인에 약간의 변형을 주어
느낌을 다르게 표현했다.

1   2   3   4   5   6

D-1

코듀로이 스커트

광택 있는 코듀로이로 만든 심플한 스커트의 기본형. 심 포켓(솔기를 이용한 숨은 포켓)으로 깔끔한 인상을 주었다.

how to make --> p.84

D-2

더블 포켓 스커트

눈이 번쩍 뜨일 만큼 선명한 푸크시아 핑크는 내
가 가장 좋아하는 컬러다. 무늬가 다른 좌우의 패
치 포켓으로 한층 발랄하고 개성적으로 보인다.

how to make --> p.86

D-3

무늬 다른 스커트

앞뒤 무늬가 다른 스커트. 무늬의 위치를 기분에
따라 바꾸어 입으면 표정의 변화를 자유롭게 즐길
수 있다.

how to make --> p.87

D-4

망사 스커트

허리 없이 부드러운 망사를 겹쳐 만든 섬세한
아이템. 포인트 역할을 하는 보랏빛 테이프에 고
무줄을 넣어 허리를 마무리했다.

how to make --> p.88

D-5

선드레스

허리 윗부분의 몸판에 셔링을 잡아 선드레스로 만
들었다. 어깨의 리본 매듭이 깜찍한 포인트.

how to make --> p.89

D-6

에이프런 스커트

데님으로 만든 에이프런 스커트는 항상 반갑고 정
겹다. 가슴받이와 포켓에 빨간 테이프를 끼워 악
센트를 주었다.

how to make --> p.90

사계절 내내 활용하는
스타일 제안!
pattern D

볼륨이 풍성한 스커트는
작은 여자아이만이 즐길 수 있는 특권.
다양한 소재, 색상과 무늬를 활용하여
사계절 내내 깜찍함을 즐겨보자.

style
1

with a knitwear

style
2

style
3

겹쳐 입어
가을 옷으로
변신

style
4

패션 센스를
높여주는
구두!

style 1
같은 색 계열의 니트를 매치한, 계
절에 딱 어울리는 원톤 코디. 그레
이와 궁합이 잘 맞는 노란색 도트
무늬가 활동적이고 발랄한 아이의
마음을 잘 표현하고 있다.

style 2
선명한 핑크 스커트도 시크한 아
이템을 매치하면 차분한 외출복
으로 바뀐다. 모노톤의 포켓과 검
정 부츠로 색을 연결했다.

style 3
꽃무늬 원피스에 데님 셔츠 원피
스를 레이어드하여 자연스러운
느낌을 살린 스타일. 니트 모자와
프린지(술 장식) 부츠가 세련된
인상을 준다.

style 4
촘촘한 짜임의 고급스러운 니트
조끼로 연출한 심플 코디. 매니시
한 레이스업 슈즈로 깔끔한 멋을
한층 더했다.

style
5

like
a school girl

style
7

선명한 색으로
겨울에도
발랄하게

style
8

with
glasses

style
6

sixties
style

style 5

로고 스웨터와 야무진 가방으로
완성한 스쿨 걸 스타일. 전체를
차가운 색으로 통일한 시원한 스
타일링. 경쾌한 도트 무늬 구두는
포인트로.

style 6

강한 대비가 인상적인 보더 골지
터틀넥으로 1960년대의 향수를
자아내는 옷차림. 볼륨 있는 프린
지 부츠로 강약을 더했다.

style 7

겨울이니만큼 원색의 조합으로
기분을 밝게. 활용도가 높은 빨간
색 더블 코트와 머스터드 색 스커
트로 따뜻한 코디 완성.

style 8

끝을 자른 채로 그대로 둔 스웨트
원피스. 밑단 아래로 스커트의 무
니가 슬쩍 보이는 레이어드 스타
일이다. 파스텔 컬러의 새첼백도
귀엽다.

column

매일 쓰는 아이 소품

어린이집이나 유치원, 초등학교에 입학하면 필요한 아이템. 개성을 담아내는 것이 손수 만드는 작업의 즐거움이자 행복이다. 마음에 드는 천으로 소중한 내 아이만의 소품을 만들어 보자. 이름을 써넣을 공간도 꼭 필요하다.

레슨 백
how to make --> p.92

슈즈 케이스
how to make --> p.93

이동 포켓
how to make --> p.93

손수건과 티슈를 별도 수납할 수 있다. 바닥이 있는 이동 포켓. 개성이 돋보이는 천 선택에 따라 얼마든지 재미있는 연출이 가능하다.

how to make

●완성 치수(100／110／120／130／140 사이즈)

pattern A 편안한 탑

가슴둘레…82.6cm／86.6cm／90.6cm／94.6cm／98.6cm

1	옷 길이…42cm／44.5cm／47cm／49.5cm／52cm
2, 5, 7	옷 길이…40cm／42.5cm／45cm／47.5cm／50cm
3	옷 길이…42cm／43.5cm／49cm／52.5cm／56cm
4, 6	옷 길이…53cm／58cm／63cm／68cm／73cm

pattern B 이음선 있는 원피스

가슴둘레…88.8cm／92.8cm／96.8cm／100.8cm／104.8cm

1, 2, 4	옷 길이…51cm／57cm／63cm／69cm／75cm
3	옷 길이…38cm／42cm／46cm／50cm／54cm

pattern C 깔끔한 팬츠

허리둘레(완성 치수)…약 44cm／48cm／52cm／56cm／60cm
허리둘레(최대 · 6 이외)…56.2cm／60.2cm／64.2cm／68.2cm／72.2cm
엉덩이 둘레…72.7cm／76.7cm／80.7cm／84.7cm／88.7cm

1, 7	팬츠 길이…20.8cm／22.4cm／24cm／25.6cm／27.2cm
2, 3, 4, 8	팬츠 길이…53.4cm／60.4cm／67.4cm／74.4cm／81.4cm
5	팬츠 길이…23.4cm／25.4cm／27.4cm／29.4cm／31.4cm
6	허리둘레(최대)…66cm／70cm／74cm／78cm／82cm
	팬츠 길이…20.8cm／22.4cm／24cm／25.6cm／27.2cm

pattern D 개더 스커트

허리둘레(완성 치수)…약 44cm／48cm／52cm／56cm／60cm
허리둘레(최대 · 3,4,5,6 이외)…101cm／110cm／118cm／126cm／135cm

1, 2	스커트 길이…25cm／28cm／31cm／34cm／37cm
3	허리둘레(최대)…154cm／168cm／180cm／192cm／206cm
	스커트 길이…25cm／28cm／31cm／34cm／37cm
4	허리둘레(최대)…92cm／98cm／104cm／104cm／104cm
	스커트 길이…31cm／34cm／37cm／40cm／43cm
5	허리둘레(최대)…80cm／84cm／88cm／92cm／96cm
	스커트 길이…32cm／35cm／38cm／41cm／44cm
6	허리둘레(최대)…74cm／80cm／86cm／92cm／98cm
	스커트 길이…25cm／28cm／31cm／34cm／37cm

●참고 치수(100／110／120／130／140 사이즈)

가슴둘레…54cm／57cm／60cm／64cm／70cm
허리둘레…51cm／53cm／54cm／56cm／60cm
엉덩이 둘레…57cm／60cm／63cm／70cm／75cm
참고 연령…3.5세／5.5세／6.5세／8.5세／10.5세

●실물 대형 옷본에 대하여

수록된 실물 대형 옷본은 시접 포함이다.
안쪽의 가는 점선이 완성선, 바깥쪽의 굵은 실선이 시접 포함선이다.
시접 포함 옷본은 재단 시 시접을 계산하여 천에 표시하는 수고를 덜 수 있어 편리하다.
또 초크페이퍼 등으로 완성선을 표시하지 않고, 천 끝에서 지정된 치수만큼 박는다(예를 들면 1cm 시접은 천 끝에서 1cm 안쪽을 박는다). 따라서 박을 때 필요한 맞춤 표시는 천 끝에 옷본째 가위집(0.2～0.3cm)을 넣어 표시한다. 골선이 되는 중심은 시접 모서리를 비스듬히 잘라서 맞춤 표시로 한다.(→p.58)
시접이 포함된 옷본에 익숙지 않아 불안하다면 안쪽의 완성선(가는 점선)으로 옷본을 베껴서 재단 배치도의 지정된 시접을 더하여 재단한 뒤 완성선을 표시한다.

다트나 턱(주름), 포켓 위치 등 시접보다 안쪽에 표시할 때는 천의 올이 끊어지지 않도록 송곳으로 작은 구멍을 내거나 물에 지워지는 표시용 펜을 이용한다.

개더 스커트의 실물 대형 옷본도 있지만, 직사각형이기 때문에 천에 직접 선을 그어 재단하는 '직접 재단'으로 옷본 베끼는 수고를 덜 수 있다. 이때 포켓 입구나 다는 위치는 실물 대형 옷본에서 확인한다.

●재단 배치도에 대하여

각 작품의 재단 배치도는 120 사이즈 패턴으로 배치되어 있다. 큰 사이즈는 같은 모양으로 배치할 수 없는 경우도 있으므로 그만큼 재료의 사용량이 늘어난다.

A-1 포켓 달린 하얀 탑

--> p.7

●필요한 옷본(실물 대형 옷본 A면)
앞, 뒤, 소매, 포켓
• 목둘레용 바이어스테이프는 재단 배치도에 표시된 치수를 천에 직접 그려서 자른다

●재료(100 / 110 / 120 / 130 / 140 사이즈)
겉감(면) 110cm 폭 1.4m / 1.5m / 1.5m / 1.6m / 1.6m
고무줄 0.6cm 폭 17cm / 17.5cm / 18cm /
　　　 18.5cm / 19cm

●박기 전 준비
• 어깨, 옆, 소매 밑, 소맷부리, 포켓 둘레의 시접을 천의 겉쪽에서 지그재그 박기를 한다
• 밑단, 소맷부리, 포켓 입구를 완성선에 맞추어 다리미로 2번 접는다

●박는 법
①포켓을 만들어 단다(→ p.59)
②어깨를 박는다(→ p.59)
③목둘레에 바이어스테이프를 붙이고, 고무줄을 넣는다(→ p.59)
④소매를 몸판에 붙인다(→ p.60)
⑤소매 밑과 옆을 이어서 박는다(→ p.60)
⑥소맷부리를 접어 박고 커프스를 접는다(→ p.60)
⑦트임을 박는다(→ p.60)
⑧밑단을 2번 접어 박는다(→ p.60)

●재단 배치도

*지정된 곳 이외의 시접은 1cm

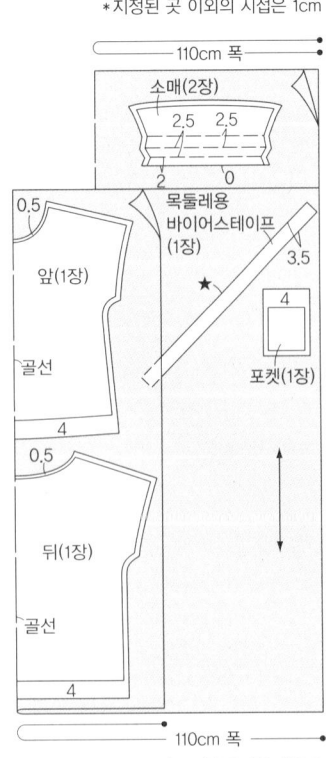

★ = 53.5 / 55 / 56.5 / 58 / 59.5

●천 재단법
이 책의 옷본은 시접이 포함되어 있어 굵은 선을 베끼면 안쪽에 시접 분량 (치수는 각 재단 배치도 참조)이 함께 들어 있다. 천 위에 베낀 옷본을 놓고 종이 끝을 따라 천을 자른다.

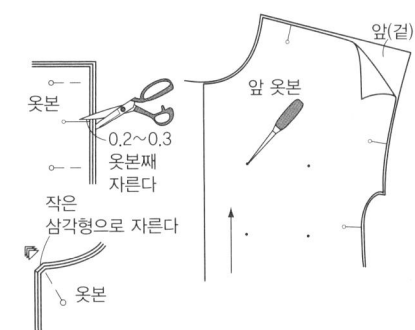

●표시하기
완성선을 표시하지 않고 천 끝에서 지정된 치수로 박는다 (예를 들어 시접이 1cm이면 천 끝에서 1cm 안쪽을 박는다). 박을 때 필요한 맞춤 표시는 천 끝에 옷본째 가위집을 넣어 표시한다. 골선이 되는 중심은 시접 모서리를 비스듬히 잘라서 맞춤을 표시한다. 표시를 끝낸 뒤 옷본을 떼어낸다. 왼쪽 가슴 포켓 위치는 왼쪽 반신의 겉쪽에 옷본을 다시 겹쳐, 모서리보다 약간 안쪽에 송곳으로 구멍을 내어 표시한다.

●박기 전 준비
순조로운 박음질을 위해 각 파트를 미리 준비해둔다.

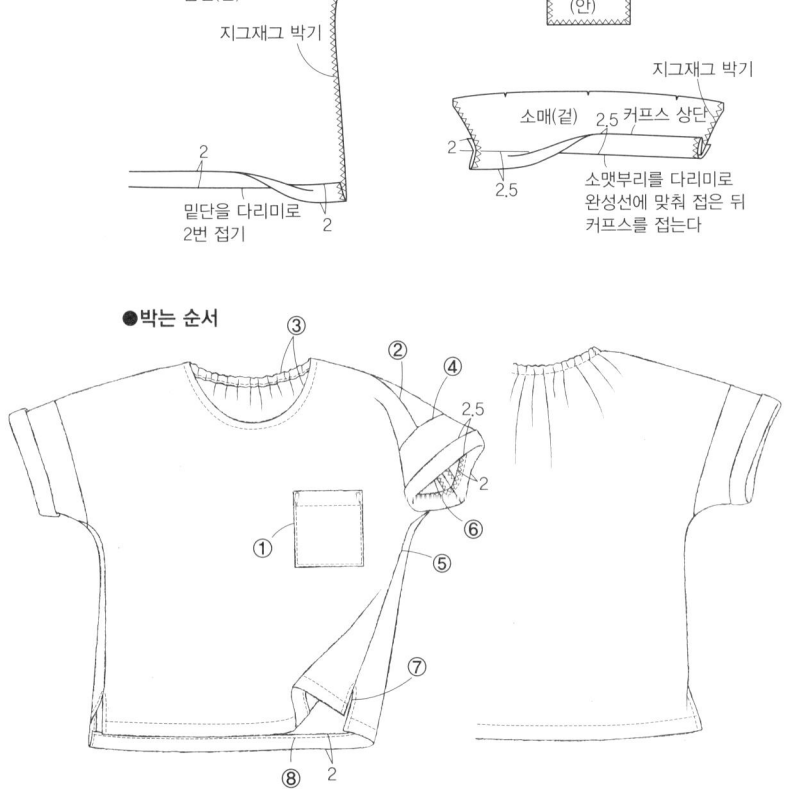

●박는 순서

① 포켓을 만들어 단다

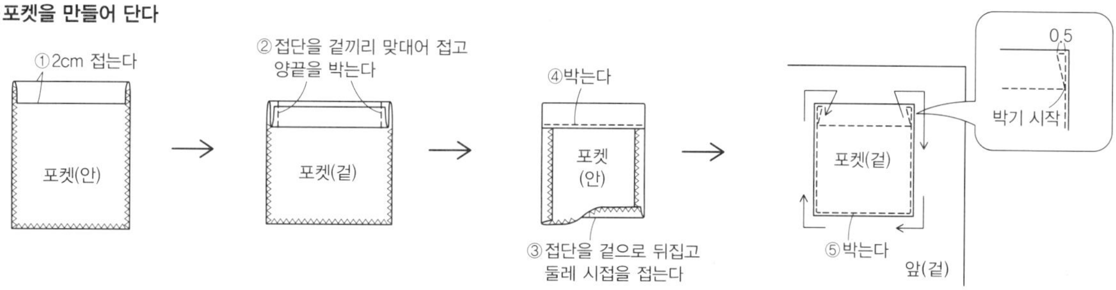

①2cm 접는다

포켓(안)

②접단을 겉끼리 맞대어 접고 양끝을 박는다

포켓(겉)

④박는다

포켓(안)

③접단을 겉으로 뒤집고 둘레 시접을 접는다

0.5

박기 시작

포켓(겉)

⑤박는다

앞(겉)

② 어깨를 박는다

박는 방향

뒤(겉)

앞(안)

①앞·뒤 어깨를 겉끼리 맞대어 박는다

②솔기를 다린다

뒤(안)

앞(안)

③손끝으로 시접을 벌리며 다리미로 누른다 (＝시접을 가른다)

③ 목둘레에 바이어스테이프를 붙이고 고무줄을 넣는다

바이어스테이프 잇는 법

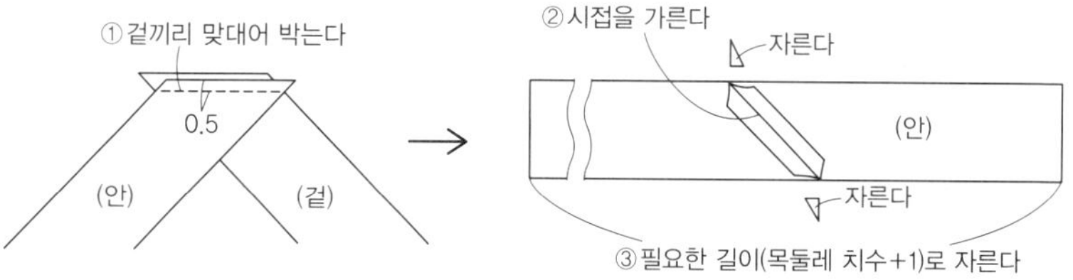

①겉끼리 맞대어 박는다

0.5

(안)　(겉)

②시접을 가른다

자른다

(안)

자른다

③필요한 길이(목둘레 치수＋1)로 자른다

목둘레 박는 법

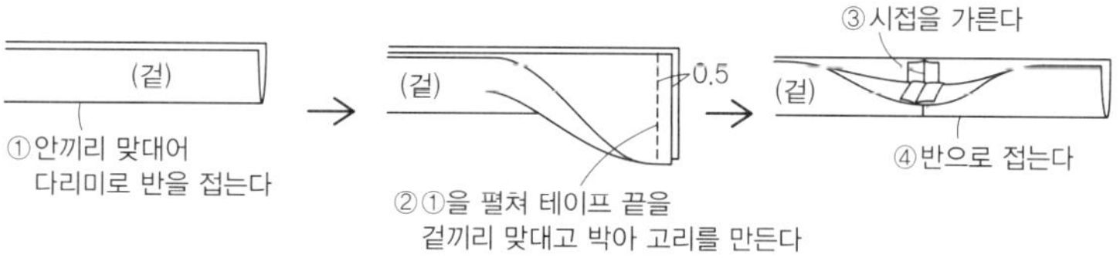

(겉)

①안끼리 맞대어 다리미로 반을 접는다

(겉)

0.5

②①을 펼쳐 테이프 끝을 겉끼리 맞대고 박아 고리를 만든다

③시접을 가른다

(겉)

④반으로 접는다

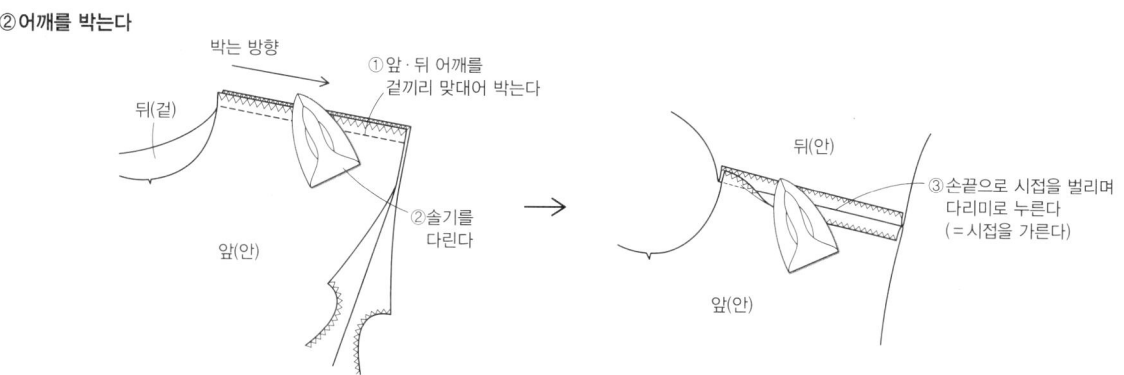

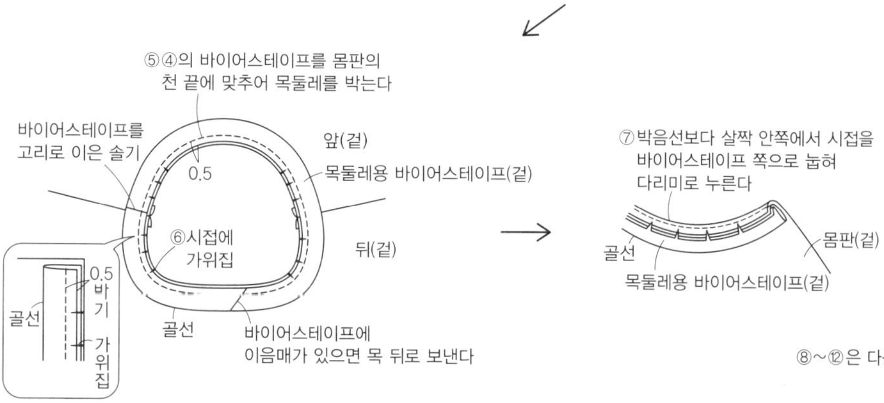

⑤④의 바이어스테이프를 몸판의 천 끝에 맞추어 목둘레를 박는다

바이어스테이프를 고리로 이은 솔기

앞(겉)

0.5

목둘레용 바이어스테이프(겉)

⑥시접에 가위집

뒤(겉)

0.5 박기

골선

가위집

골선

바이어스테이프에 이음매가 있으면 목 뒤로 보낸다

⑦박음선보다 살짝 안쪽에서 시접을 바이어스테이프 쪽으로 눕혀 다리미로 누른다

골선

몸판(겉)

목둘레용 바이어스테이프(겉)

⑧～⑫은 다음 페이지에 계속

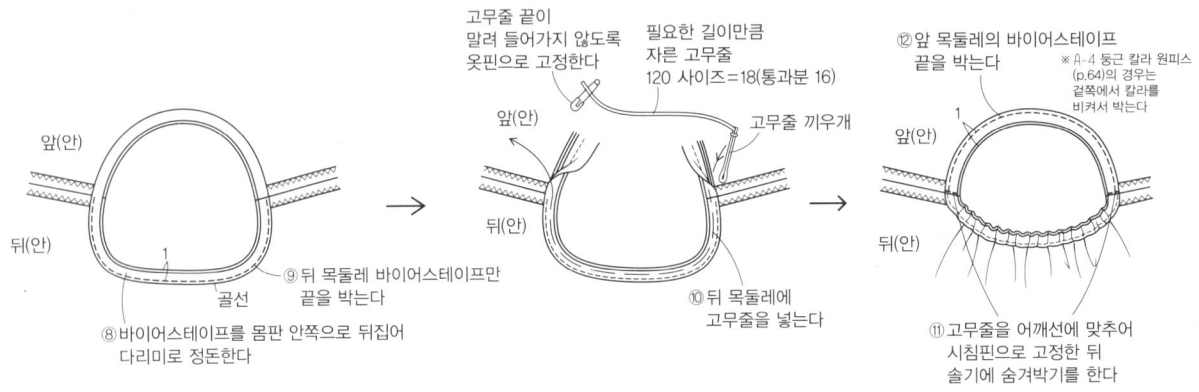

앞(안)

뒤(안)

골선

⑨ 뒤 목둘레 바이어스테이프만
끝을 박는다

⑧ 바이어스테이프를 몸판 안쪽으로 뒤집어
다리미로 정돈한다

고무줄 끝이
말려 들어가지 않도록
옷핀으로 고정한다

필요한 길이만큼
자른 고무줄
120 사이즈=18(통과분 16)

앞(안)

뒤(안)

고무줄 끼우개

⑩ 뒤 목둘레에
고무줄을 넣는다

⑫ 앞 목둘레의 바이어스테이프
끝을 박는다

※ A-4 둥근 칼라 원피스
(p.64)의 경우는
겉쪽에서 칼라를
비켜서 박는다

앞(안)

뒤(안)

⑪ 고무줄을 어깨선에 맞추어
시침핀으로 고정한 뒤
솔기에 숨겨박기를 한다

④ 소매를 몸판에 붙인다

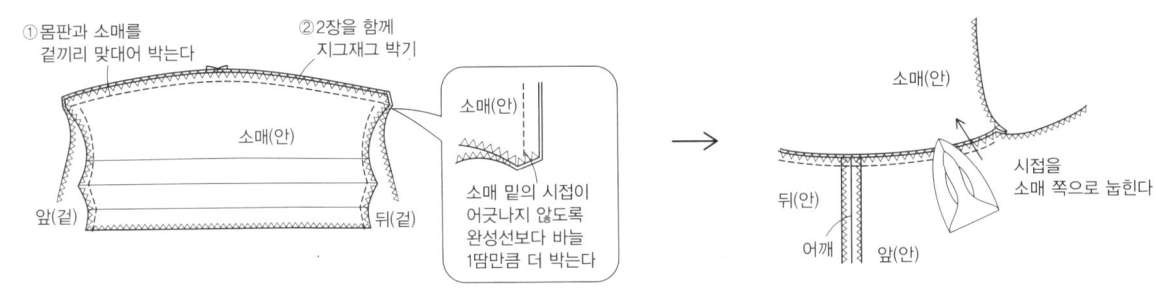

① 몸판과 소매를
겉끼리 맞대어 박는다

② 2장을 함께
지그재그 박기

소매(안)

앞(겉)

뒤(겉)

소매(안)

소매 밑의 시접이
어긋나지 않도록
완성선보다 바늘
1땀만큼 더 박는다

소매(안)

뒤(안)

어깨

앞(안)

시접을
소매 쪽으로 눕힌다

⑤ 소매 밑과 옆을 이어서 박는다

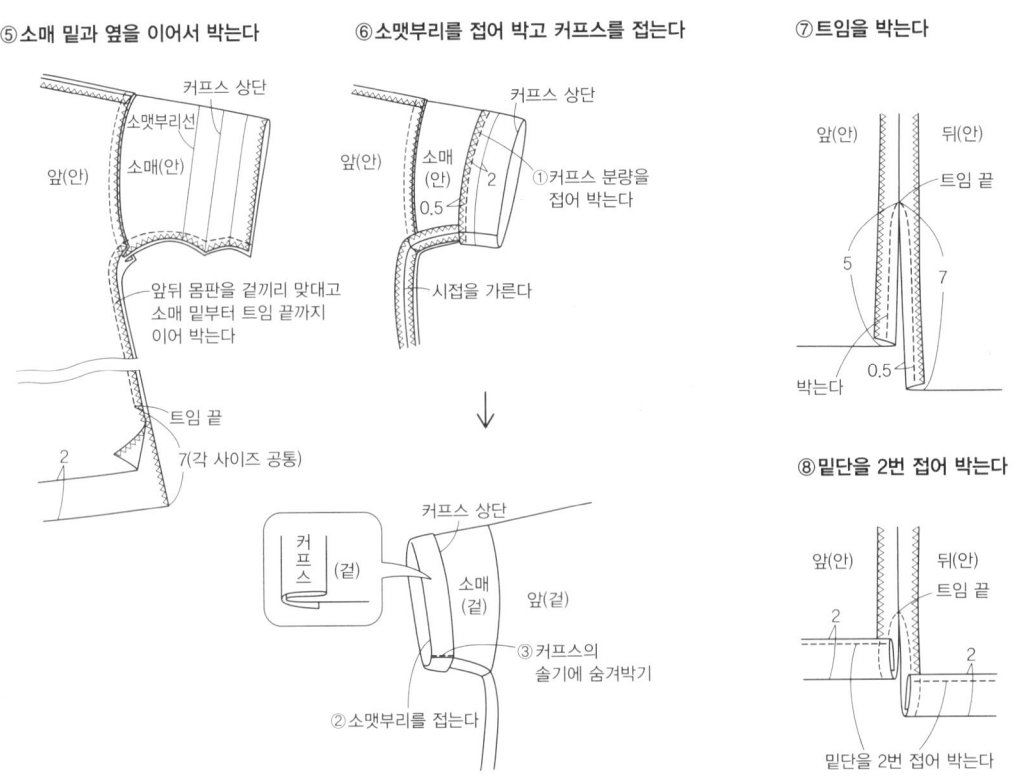

커프스 상단

소맷부리선

소매(안)

앞(안)

앞뒤 몸판을 겉끼리 맞대고
소매 밑부터 트임 끝까지
이어 박는다

트임 끝

2

7(각 사이즈 공통)

⑥ 소맷부리를 접어 박고 커프스를 접는다

커프스 상단

앞(안)

소매
(안)

2

0.5

① 커프스 분량을
접어 박는다

시접을 가른다

커프스 상단

커
프
스
(겉)

소매
(겉)

앞(겉)

③ 커프스의
솔기에 숨겨박기

② 소맷부리를 접는다

⑦ 트임을 박는다

앞(안)

뒤(안)

트임 끝

5

7

박는다

0.5

⑧ 밑단을 2번 접어 박는다

앞(안)

뒤(안)

트임 끝

2

2

밑단을 2번 접어 박는다

A-2 프릴 소매 블라우스

--> p.8

● **필요한 옷본**(실물 대형 옷본 A면)

앞, 뒤, 소매

・목둘레용 바이어스테이프는 재단 배치도에 표시된 치수를
천에 직접 그려서 자른다

● **재료**(100／110／120／130／140 사이즈)

겉감(마) 100cm 폭 1.5m／1.6m／1.6m／1.7m／1.7m
고무줄 0.6cm 폭 17cm／17.5cm／18cm／18.5cm／19cm

● **박기 전 준비**

・어깨, 옆, 소매 밑의 시접을 천의 겉쪽에서 지그재그 박기 한다
・밑단, 소맷부리를 완성선에 맞추어 다리미로 2번 접는다

● **박는 법**

① 어깨를 박는다. 앞뒤를 겉끼리 맞대어 박고 시접을 가른다(→ p.59)
② 목둘레에 바이어스테이프를 붙이고 고무줄을 넣는다.
목둘레에 반으로 접은 바이어스테이프를 붙이고,
뒤 목둘레에 고무줄을 통과시킨 다음, 앞 목둘레의
바이어스테이프를 박는다(→ p.59)
③ 소매에 개더를 잡아 몸판에 붙인다(→ p.61)
④ 소매 밑과 옆을 이어서 박는다.
앞뒤 몸판을 겉끼리 맞대어 소매 밑에서 밑단까지
이어 박고 시접은 가른다
⑤ 소맷부리를 2번 접어 박는다
⑥ 밑단을 2번 접어 박는다

● **재단 배치도**

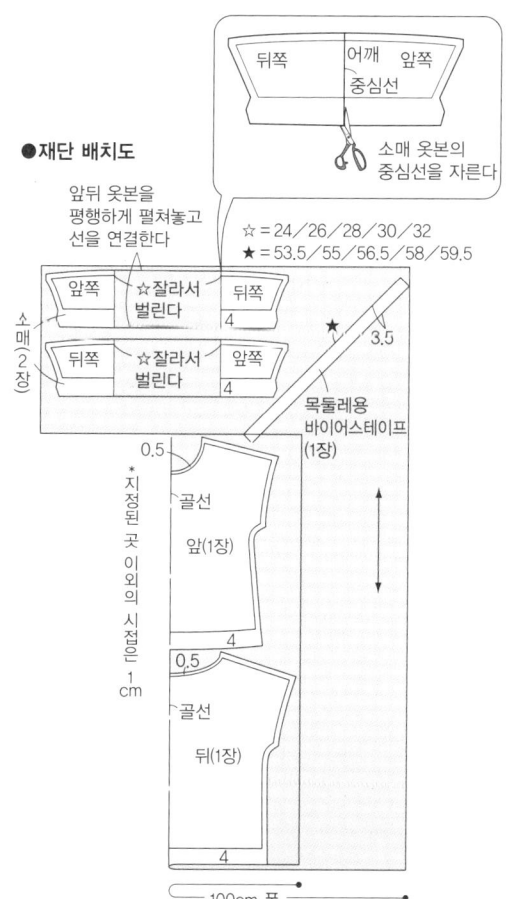

앞뒤 옷본을
평행하게 펼쳐놓고
선을 연결한다

☆ = 24／26／28／30／32
★ = 53.5／55／56.5／58／59.5

뒤쪽 어깨 앞쪽
중심선

소매 옷본의
중심선을 자른다

앞쪽 ☆잘라서 벌린다 뒤쪽 4
뒤쪽 ☆잘라서 벌린다 앞쪽 4

소매(2장)

★ 3.5

목둘레용
바이어스테이프
(1장)

0.5
골선
앞(1장)
4

0.5
골선
뒤(1장)
4

*지정된 곳 이외의 시접은 1cm

4

⊢ 100cm 폭 ⊣

● **박는 순서**

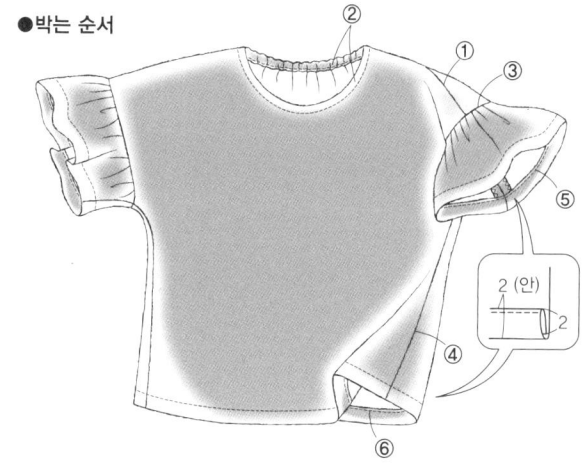

2 (안)
2

● **③ 소매에 개더를 잡아 몸판에 붙인다**

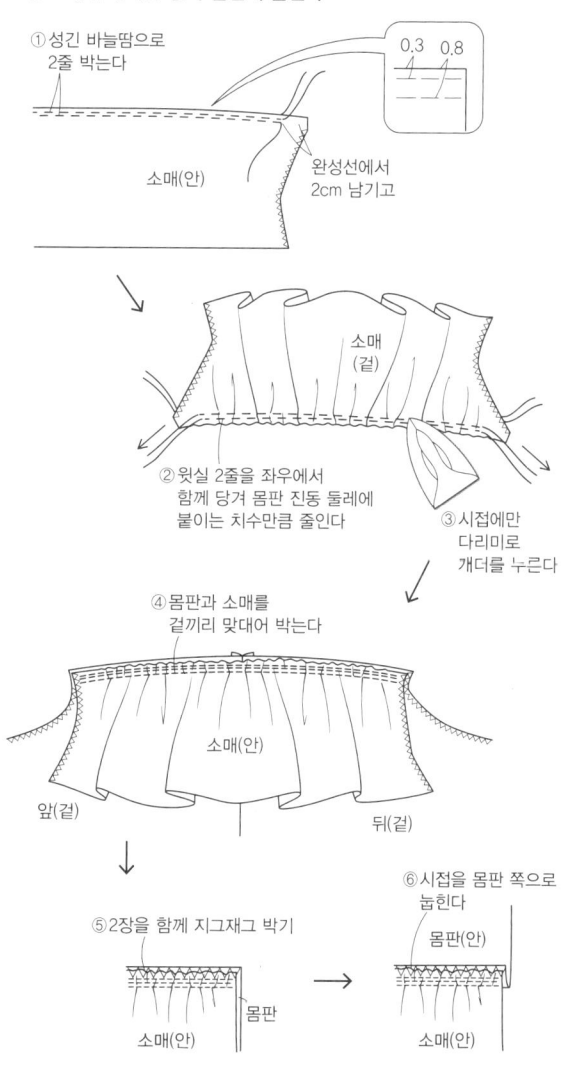

① 성긴 바늘땀으로
2줄 박는다

0.3 0.8

소매(안)

완성선에서
2cm 남기고

소매(겉)

② 윗실 2줄을 좌우에서
함께 당겨 몸판 진동 둘레에
붙이는 치수만큼 줄인다

③ 시접에만
다리미로
개더를 누른다

④ 몸판과 소매를
겉끼리 맞대어 박는다

소매(안)

앞(겉) 뒤(겉)

⑤ 2장을 함께 지그재그 박기

소매(안) 몸판

⑥ 시접을 몸판 쪽으로
눕힌다

몸판(안)

소매(안)

A-3 밑단 프릴 블라우스

--> p.10

●필요한 옷본(실물 대형 옷본 A면)

앞, 뒤
· 앞뒤 프릴과 목둘레용 바이어스테이프는
  재단 배치도에 표시된 치수를 천에 직접 그려서 자른다

●재료(100／110／120／130／140 사이즈)

겉감(면) 140cm 폭 60cm／70cm／70cm／
80cm／80cm
고무줄 0.6cm 폭 17cm／17.5cm／18cm／
18.5cm／19cm

●박기 전 준비

· 어깨, 옆, 프릴 옆 시접을 천의 겉쪽에서
  지그재그 박기 한다
· 프릴 밑단, 진동 둘레를 완성선에 맞추어
  다리미로 2번 접는다

●박는 법

① 어깨를 박는다.
  앞뒤를 겉끼리 맞대어 박고 시접을 가른다(→ p.59)
② 목둘레에 바이어스테이프를 붙이고 고무줄을 넣는다.
  목둘레에 반으로 접은 바이어스테이프를 붙이고
  뒤 목둘레에 고무줄을 넣은 다음 앞 목둘레의
  바이어스테이프를 박는다(→ p.59)
③ 진동 둘레를 2번 접어 박는다
④ 옆을 박는다(→ p.62)
⑤ 프릴 옆을 박는다.
  앞뒤를 겉끼리 맞대어 박고 시접을 가른다
⑥ 프릴 밑단을 2번 접어 박는다
⑦ 프릴에 개더를 잡아 몸판과 함께 박는다(→ p.62)

●재단 배치도

*지정된 곳 이외의 시접은 1cm

★ = 53.5／55／56.5／58／59.5
☆ = 92／97／102／107／112
◎ = 8／9／10／11／12

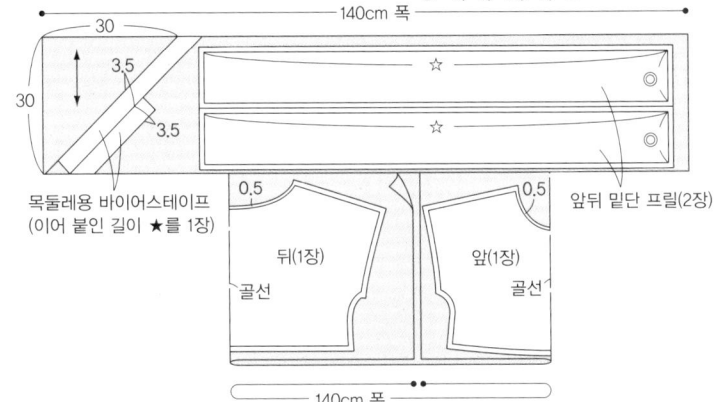

목둘레용 바이어스테이프
(이어 붙인 길이 ★를 1장)

앞뒤 밑단 프릴(2장)

뒤(1장) 골선

앞(1장) 골선

140cm 폭

●박는 순서

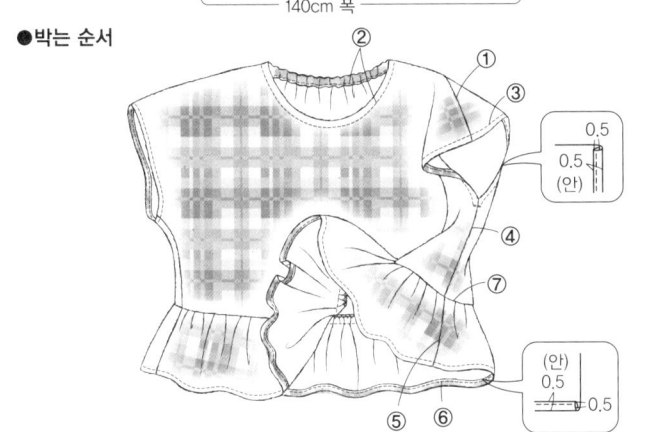

⑦프릴에 개더를 잡아 몸판과 함께 박는다

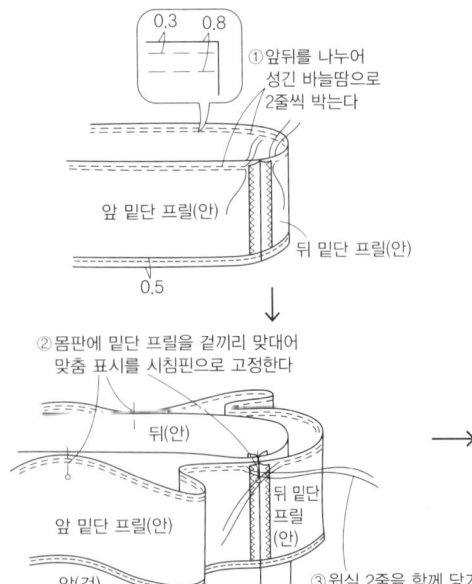

① 앞뒤를 나누어
  성긴 바늘땀으로
  2줄씩 박는다

앞 밑단 프릴(안)
뒤 밑단 프릴(안)

② 몸판에 밑단 프릴을 겉끼리 맞대어
  맞춤 표시를 시침핀으로 고정한다

뒤(안)
뒤 밑단 프릴(안)
앞 밑단 프릴(안)
앞(겉)

③ 윗실 2줄을 함께 당겨
  몸판에 붙이는 치수만큼 줄인다

④옆을 박는다

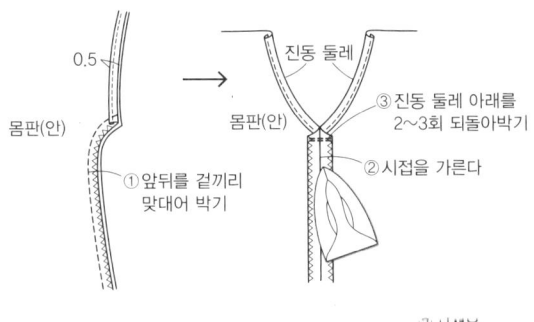

몸판(안)
진동 둘레
몸판(안)

① 앞뒤를 겉끼리
  맞대어 박기

③ 진동 둘레 아래를
  2~3회 되돌아박기
② 시접을 가른다

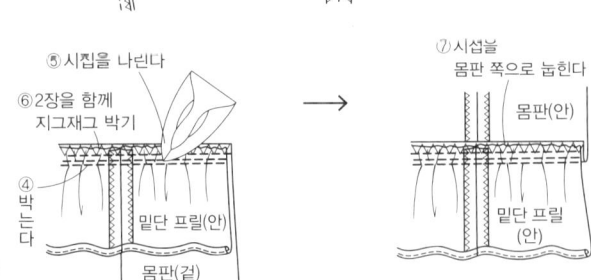

⑤ 시접을 나린다
⑥ 2장을 함께
  지그재그 박기
④ 박는다
밑단 프릴(안)
몸판(겉)

⑦ 시접을
  몸판 쪽으로 눕힌다
몸판(안)
밑단 프릴(안)

A-5 세로 프릴 블라우스
--> p.14

●필요한 옷본(실물 대형 옷본 A면)
앞, 앞 옆, 뒤
• 프릴과 목둘레용 바이어스테이프는
  재단 배치도에 표시된 치수를 천에 직접 그려서 자른다

●재료(100／110／120／130／140 사이즈)
겉감(면) 110cm 폭 1.1m／1.2m／1.2m／1.3m／1.3m
고무줄 0.6cm 폭 17cm／17.5cm／18cm／18.5cm／19cm

●박기 전 준비
어깨, 옆 시접을 천의 겉쪽에서 지그재그 박기 한다
밑단, 진동 둘레를 완성선에 맞추어 다리미로 2번 접는다

●박는 법
①프릴을 만들어 개더를 잡고
  앞 몸판의 이음선에 끼운다(→ p.63)
②어깨를 박는다.
  앞뒤를 겉끼리 맞대어 박고 시접을 가른다(→ p.59)
③목둘레에 바이어스테이프를 붙이고 고무줄을 넣는다.
  목둘레에 반으로 접은 바이어스테이프를 붙이고
  뒤 목둘레에 고무줄을 넣은 다음 앞 목둘레의
  바이어스테이프를 박는다(→ p.59)
④진동 둘레를 2번 접어 박는다
⑤옆을 박는다. 앞뒤를 겉끼리 맞대어 박고 시접을 가른다.
  진동 둘레 아래를 되돌아박기 한다(→ p.62)
⑥밑단을 2번 접어 박는다
  프릴까지 넣어 박지 않도록 앞 밑단, 왼쪽 앞 옆 밑단 ～
  뒤 밑단 ～ 오른쪽 앞 옆 밑단을 나눠서 박는다.

●재단 배치도
*지정된 곳 이외의 시접은 1cm

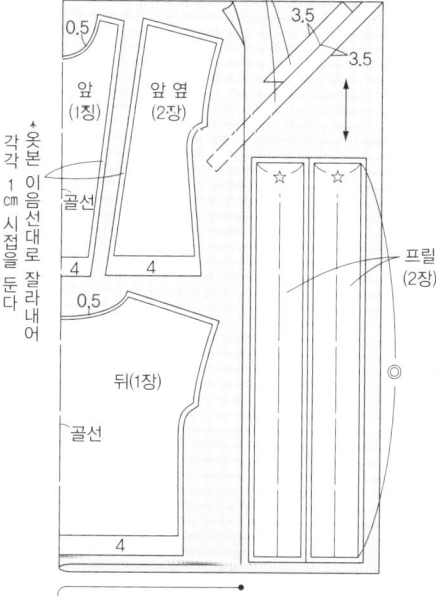

목둘레용 바이어스테이프
(이어 붙인 길이 ★을 1장)

3.5
3.5

0.5
앞
(1장)
앞 옆
(2장)
골선
4   4
0.5
뒤(1장)
골선
4

프릴
(2장)

각각 1cm 시접을 둔다
옷본 이음선대로 잘라내어

110cm 폭

★ = 53.5／55／56.5／58／59.5
☆ = 8 ／9／10／11／12
◎ = 75／79／83／87／91

●박는 순서

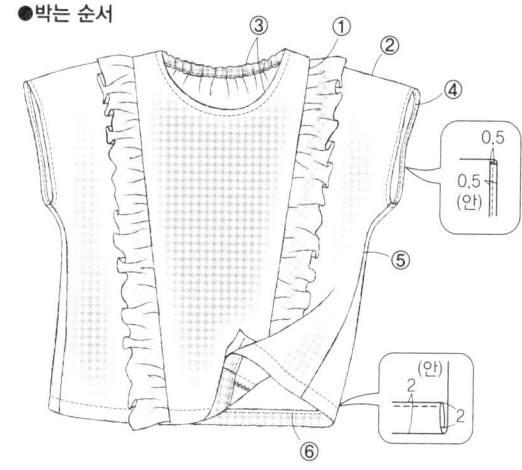

③ ① ②
④
0.5
0.5
(안)
⑤
2
(안)
2
⑥

①프릴을 만들어 개더를 잡고 앞 몸판의 이음선에 끼운다

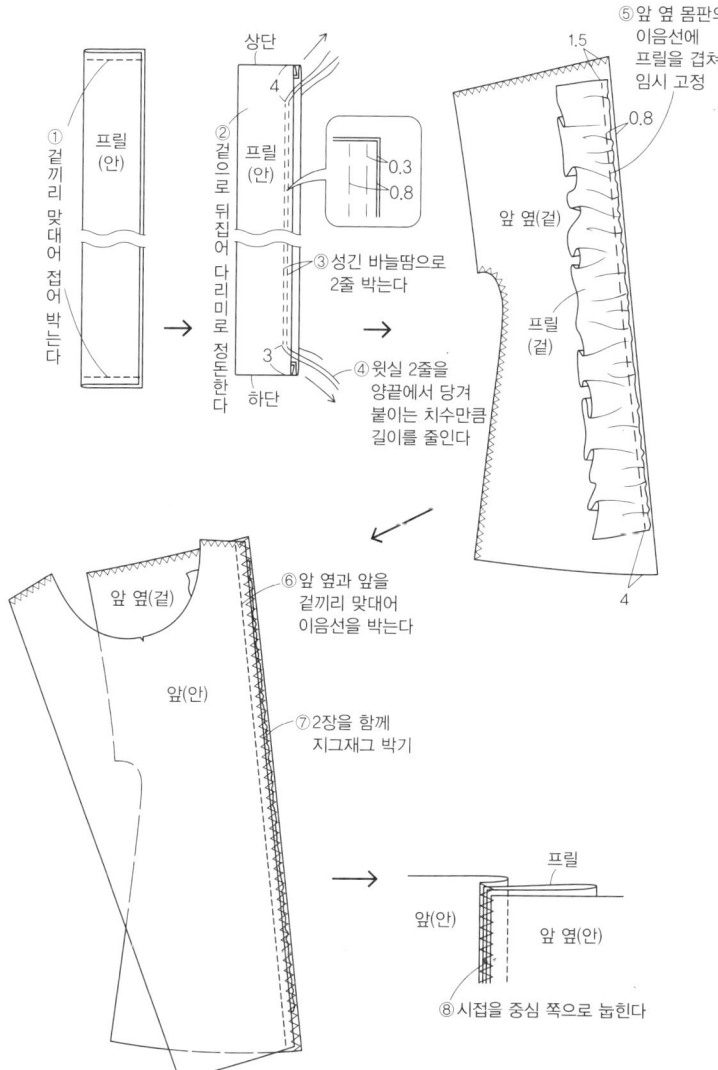

①겉끼리 맞대어 접어 박는다
프릴(안)

상단
②겉으로 뒤집어 다리미로 정돈한다
4
프릴(안)
0.3
0.8
③성긴 바늘땀으로 2줄 박는다
3
하단
④윗실 2줄을 양끝에서 당겨 붙이는 치수만큼 길이를 줄인다

⑤앞 옆 몸판의 이음선에 프릴을 겹쳐 임시 고정
1.5
0.8
앞 옆(겉)
프릴(겉)
4

⑥앞 옆과 앞을 겉끼리 맞대어 이음선을 박는다
앞 옆(겉)
앞(안)
⑦2장을 함께 지그재그 박기

프릴
앞(안)   앞 옆(안)
⑧시접을 중심 쪽으로 눕힌다

A-4 둥근 칼라 원피스

--> p.12

●**필요한 옷본(실물 대형 옷본 A면)**
앞, 뒤, 소매, 칼라, 주머니
・목둘레용 바이어스테이프는 재단 배치도에 표시된 치수를
천에 직접 그려서 자른다

●**재료(100／110／120／130／140 사이즈)**
겉감(면) 112cm 폭 1.4m／1.5m／1.6m／1.7m／1.8m
다른 천 A(레이스) 40×20cm
다른 천 B(면) 40×20cm
얇은 접착심(겉 칼라용) 40×20cm
접착테이프(오른쪽 앞 포켓 입구용) 1.5cm 폭 15cm
고무줄 0.6cm 폭 17cm／17.5cm／18cm／18.5cm／19cm

●**박기 전 준비**
・겉 칼라의 안쪽에 접착심을 붙인다
・오른쪽 앞 포켓 입구의 시접 안쪽에 접착테이프를 붙인다
・어깨, 옆, 소매 밑, 주머니 옆의 시접을 천의 겉쪽에서
지그재그 박기 한다
・밑단, 소맷부리를 완성선에 맞추어 다리미로 2번 접는다

●**박는 법**
①칼라를 만들어 몸판 목둘레에 임시로 고정한다(→ p.65)
②어깨를 박는다
앞뒤를 겉끼리 맞대어 박고 시접을 가른다(→ p.59)
③목둘레에 바이어스테이프를 붙이고 고무줄을 넣는다.
목둘레에 반으로 접은 바이어스테이프를 붙이고
뒤 목둘레에 고무줄을 통과시킨 다음 앞 목둘레의
바이어스테이프를 박는다(→ p.59)
④소매를 몸판에 붙인다. 몸판의 진동 둘레와
소매를 겉끼리 맞대어 박는다.
시접은 2장을 함께 지그재그 박기로 마무리하고
소매 쪽으로 눕힌다
⑤소매 밑과 옆을 이어 박고 오른쪽 옆에 포켓을 만든다(→ p.65)
⑥소맷부리를 2번 접어 박는다
⑦밑단을 2번 접어 박는다

●**재단 배치도**
＊지정된 곳 이외의 시접은 1cm
▨ 는 안쪽에 접착심, 접착테이프를 붙인다

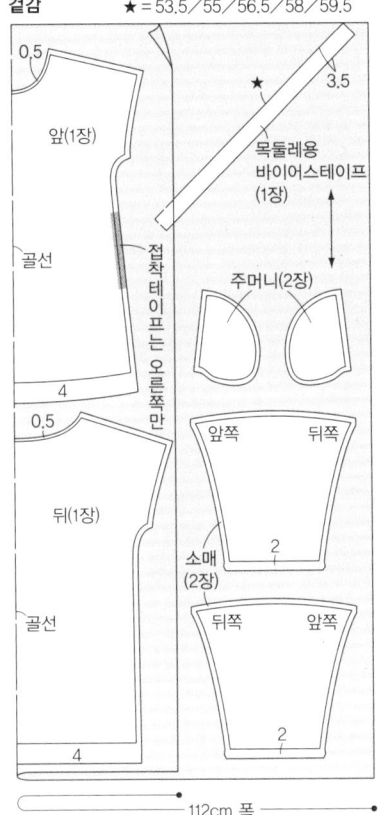

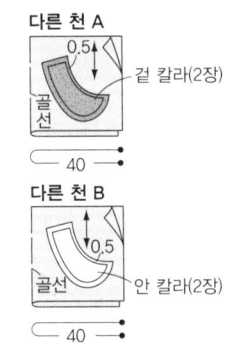

●**박는 순서**

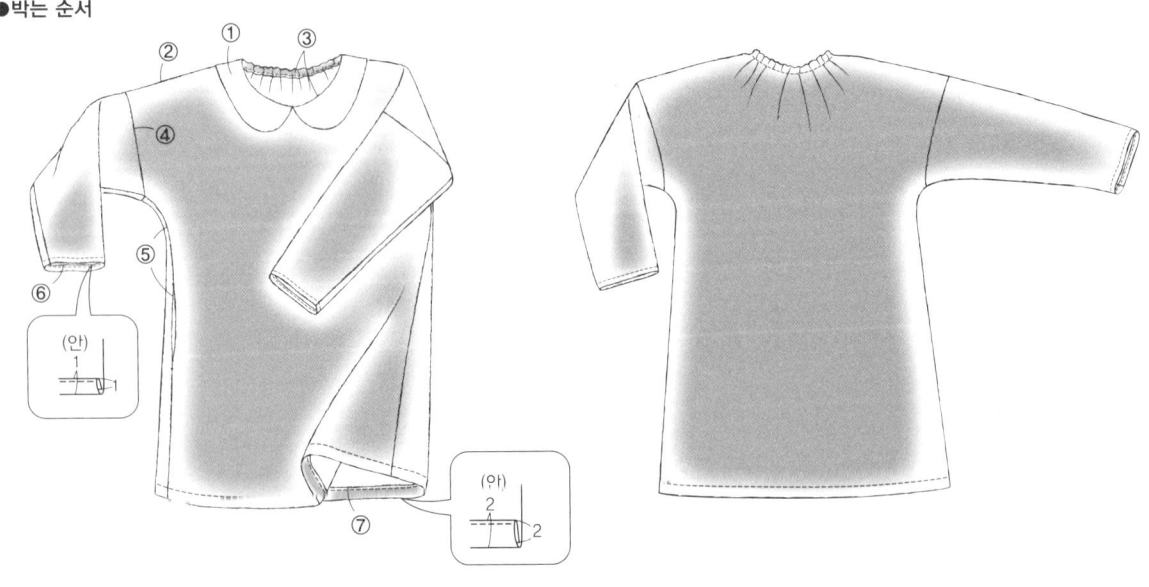

①칼라를 만들어 몸판 목둘레에 임시로 고정한다

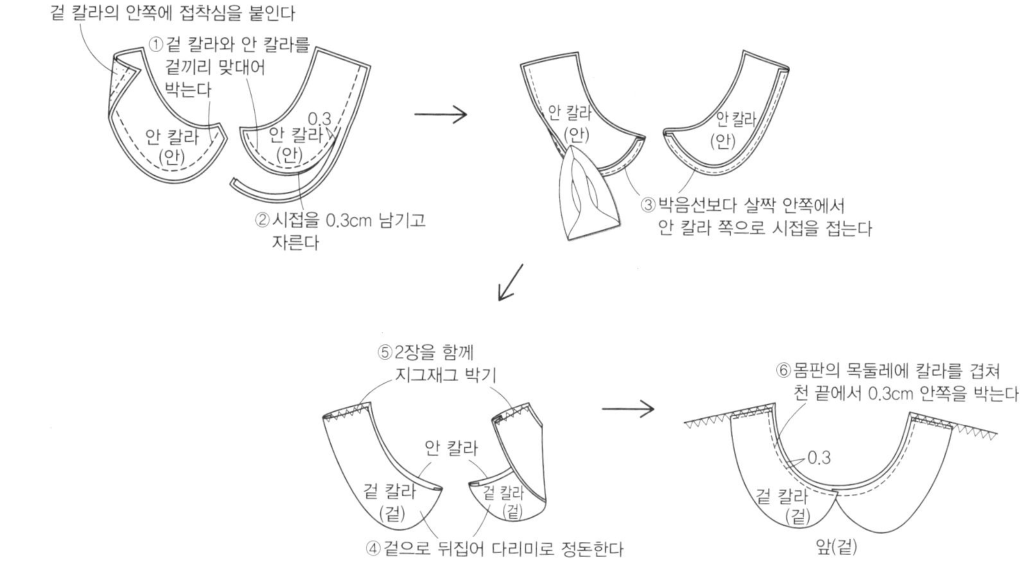

겉 칼라의 안쪽에 접착심을 붙인다

①겉 칼라와 안 칼라를
겉끼리 맞대어
박는다

안 칼라
(안)

안 칼라
(안)

0.3

②시접을 0.3cm 남기고
자른다

안 칼라
(안)

안 칼라
(안)

③박음선보다 살짝 안쪽에서
안 칼라 쪽으로 시접을 접는다

⑤2장을 함께
지그재그 박기

안 칼라

겉 칼라
(겉)

겉 칼라
(겉)

④겉으로 뒤집어 다리미로 정돈한다

⑥몸판의 목둘레에 칼라를 겹쳐
천 끝에서 0.3cm 안쪽을 박는다

0.3

겉 칼라
(겉)

앞(겉)

⑤소매 밑과 옆을 이어 박고 오른쪽 옆에 포켓을 만든다

포켓은 오른쪽에 붙이는 방법으로 설명되어 있으나
아이가 편한 손에 맞추어 단다

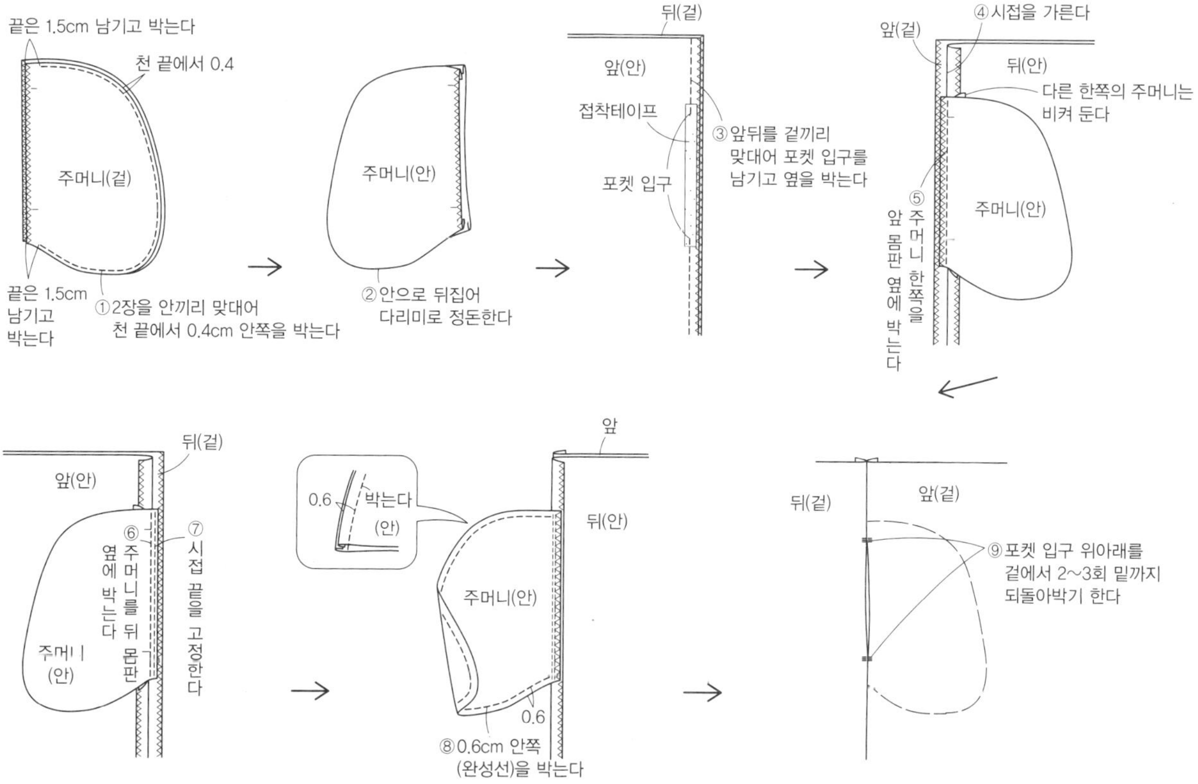

끝은 1.5cm 남기고 박는다

천 끝에서 0.4

주머니(겉)

끝은 1.5cm
남기고
박는다

①2장을 안끼리 맞대어
천 끝에서 0.4cm 안쪽을 박는다

주머니(안)

②안으로 뒤집어
다리미로 정돈한다

뒤(겉)

앞(안)

접착테이프

포켓 입구

③앞뒤를 겉끼리
맞대어 포켓 입구를
남기고 옆을 박는다

④시접을 가른다

앞(겉)

뒤(안)

다른 한쪽의 주머니는
비켜 둔다

⑤주머니 한쪽을 앞 몸판 옆에 박는다

주머니(안)

앞(안)

뒤(겉)

⑥주머니를 옆에 박는다

⑦시접 끝을 뒤 몸판에 고정한다

주머니
(안)

0.6

박는다
(안)

앞

주머니(안)

뒤(안)

⑧0.6cm 안쪽
(완성선)을 박는다

0.6

뒤(겉)

앞(겉)

⑨포켓 입구 위아래를
겉에서 2~3회 밑까지
되돌아박기 한다

A-6 기하학무늬 원피스
--> p.15

●필요한 옷본(실물 대형 옷본 A면)
앞, 뒤, 소매, 포켓
• 목둘레용 바이어스테이프는 재단 배치도에 표시된 치수를
천에 직접 그려 자른다

●재료(100／110／120／130／140 사이즈)
겉감(면) 106cm 폭 1.4m／1.5m／1.6m／1.7m／1.8m
고무줄 0.6cm 폭 17cm／17.5cm／18cm／18.5cm／19cm
면 테이프 1.5cm 폭 22cm／23cm／24cm／25cm／26cm

●박기 전 준비
• 어깨, 옆, 소매 밑, 포켓의 시접을 천의 겉쪽에서
지그재그 박기 한다
• 밑단, 소맷부리, 포켓 입구를 완성선에 맞추어
다리미로 2번 접어둔다

●박는 법
①어깨를 박는다.
　앞뒤를 겉끼리 맞대어 박고 시접을 가른다(→ p.59)
②목둘레에 바이어스테이프를 붙이고 고무줄을 넣는다.
　목둘레에 반으로 접은 바이어스테이프를 붙이고 뒤 목둘레에
　고무줄을 넣은 다음 앞 목둘레의 바이어스테이프를 박는다(→ p.59)
③소매산에 면 테이프를 끼워 소매를 몸판에 붙인다(→ p.66)
④소매 밑과 옆을 이어 박는다.
　앞뒤 몸판을 겉끼리 맞대어 소매 밑부터 밑단까지 이어 박고
　시접을 가른다
⑤소맷부리를 2번 접어 박고 면 테이프를 박는다(→ p.66)
⑥포켓을 만들어 붙인다. 포켓 입구를 박고
　둘레의 시접을 완성선에서 접어 포켓을 만든다.
　몸판의 포켓 위치에 겹쳐 박는다(→ p.59)
⑦밑단을 2번 접어 박는다

●재단 배치도

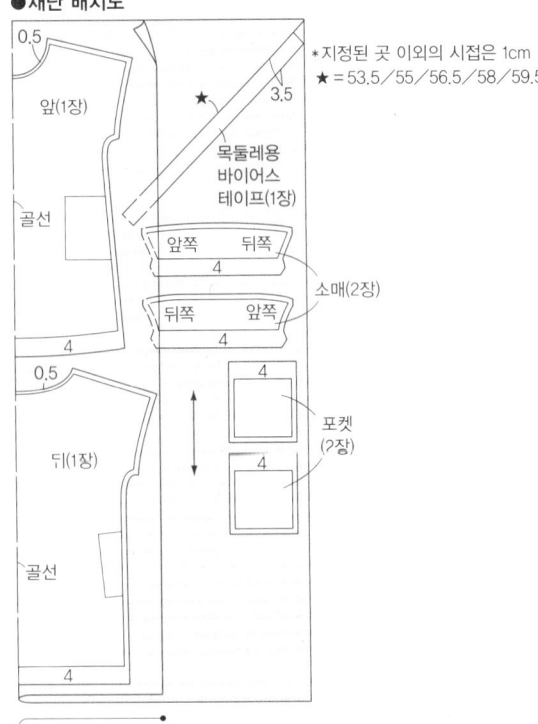

*지정된 곳 이외의 시접은 1cm
★ = 53.5／55／56.5／58／59.5

0.5
앞(1장)
골선
3.5
목둘레용
바이어스
테이프(1장)
★
앞쪽　뒤쪽
4
뒤쪽　앞쪽
4
소매(2장)
4
포켓
(2장)
4
0.5
뒤(1장)
골선
4
106cm 폭

●박는 순서

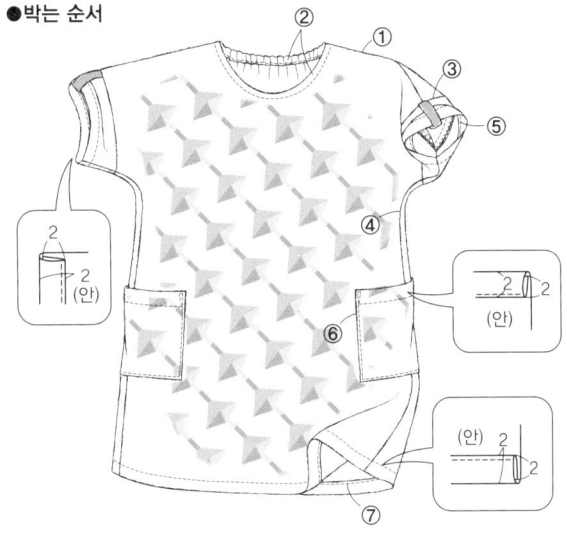

②　①
③
⑤
④
⑥
⑦
2
2(안)
2(안)　2
(안)　2　2

③소매산에 면 테이프를 끼워 소매를 몸판에 붙인다

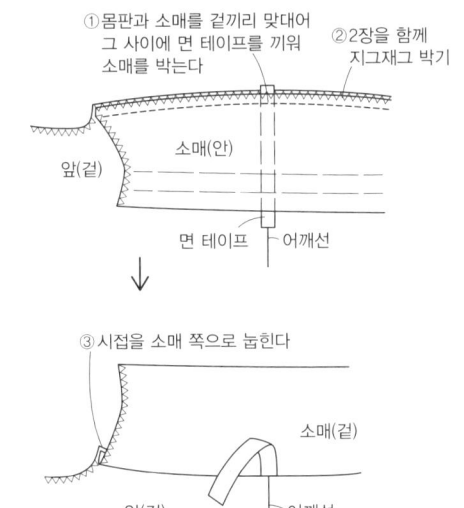

①몸판과 소매를 겉끼리 맞대어
그 사이에 면 테이프를 끼워
소매를 박는다
②2장을 함께
지그재그 박기
앞(겉)
소매(안)
면 테이프
어깨선
↓
③시접을 소매 쪽으로 눕힌다
소매(겉)
앞(겉)
어깨선

⑤소맷부리를 2번 접어 박고 면 테이프를 박는다

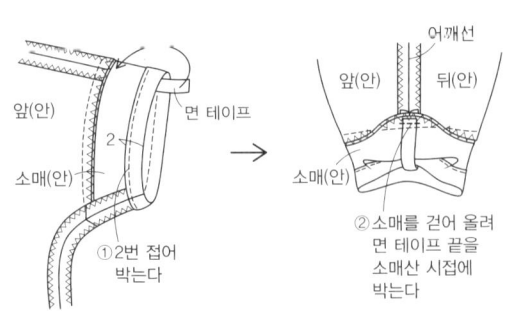

어깨선
앞(안)
뒤(안)
면 테이프
앞(안)
소매(안)
2
①2번 접어
박는다
소매(안)
②소매를 걷어 올려
면 테이프 끝을
소매산 시접에
박는다

A-7 프릴 달린 탑
--> p.16

●**필요한 옷본**(실물 대형 옷본 A면)
앞, 뒤, 소매
• 프릴과 목둘레용 바이어스테이프는
  재단 배치도에 표시된 치수를 천에 직접 그려서 자른다

●**재료**(100／110／120／130／140 사이즈)
겉감(마)　100cm 폭　1.4m／1.5m／1.5m／1.6m／1.6m
고무줄　0.6cm 폭　17cm／17.5cm／18cm／18.5cm／19cm

●**박기 전 준비**
• 어깨, 옆, 소매 밑의 시접을 천의 겉쪽에서
  지그재그 박기 한다
• 밑단, 소맷부리를 완성선에 맞추어 다리미로 2번 접는다

●**박는 법**
①어깨를 박는다. 앞뒤를 겉끼리 맞대어 박고 시접을 가른다(→ p.59)
②목둘레에 바이어스테이프를 붙이고 고무줄을 넣는다.
  목둘레에 반으로 접은 바이어스테이프를 붙이고 뒤 목둘레에
  고무줄을 넣은 다음 앞 목둘레의 바이어스테이프를 박는다(→ p.59)
③프릴에 개더를 잡아 소매에 붙인다(→ p.67)
④소매를 몸판에 붙인다. 몸판의 진동 둘레와 소매를
  겉끼리 맞대어 박는다. 시접은 2장을 함께 지그재그 박기로
  마무리하고 몸판 쪽으로 눕힌다
⑤소매 밑과 옆을 이어서 박는다.
  앞뒤 몸판을 겉끼리 맞대어 소매 밑부터 밑단까지
  이어 박고 시접을 가른다
⑥소맷부리를 2번 접어 감침질한다
⑦밑단을 2번 접어 박는다

●**재단 배치도**

*지정된 곳 이외의 시접은 1cm

★＝53.5／55／56.5／58／59.5
☆＝20.5／24／27.5／31／34.5
◎＝8／9／10／11／12

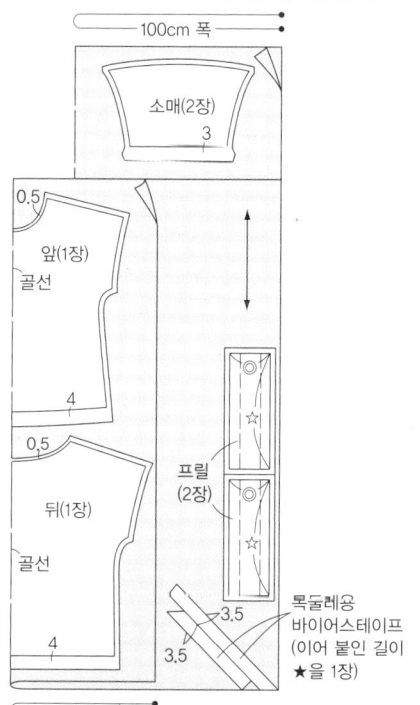

●**박는 순서**

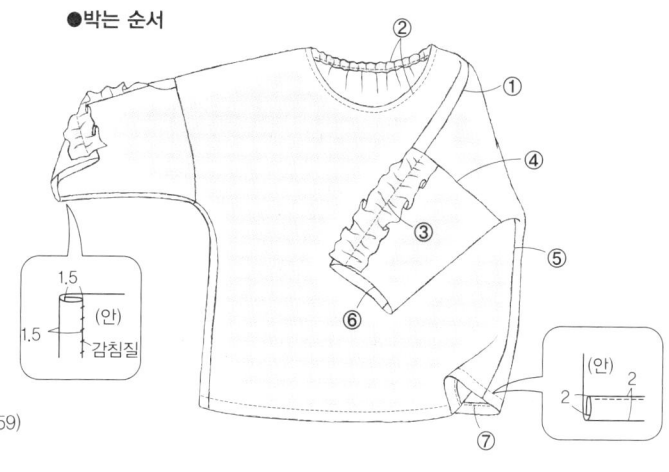

③프릴에 개더를 잡아 소매에 붙인다

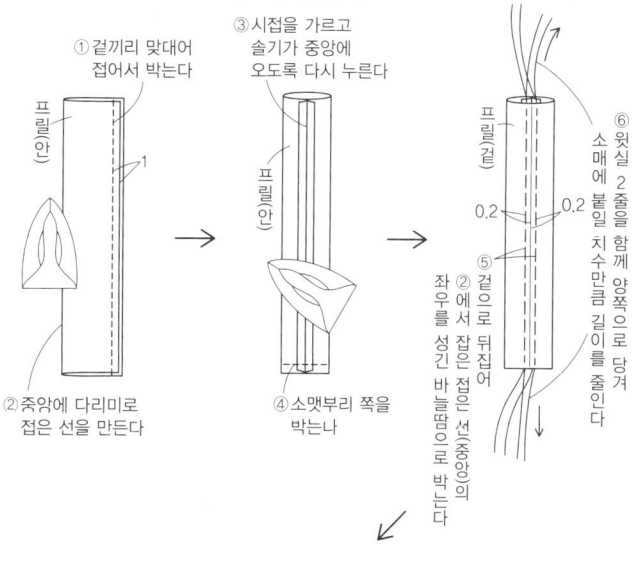

①겉끼리 맞대어
접어서 박는다

②중앙에 다리미로
접은 선을 만든다

③시접을 가르고
솔기가 중앙에
오도록 다시 누른다

④소맷부리 쪽을
박는나

②겉으로 뒤집어
좌우를 접은 선(중앙)의
성긴 바늘땀으로 박는다

⑤겉으로 뒤집어

⑥윗실 2줄을 함께
양쪽으로 당겨
소매에 붙일 치수만큼
길이를 줄인다

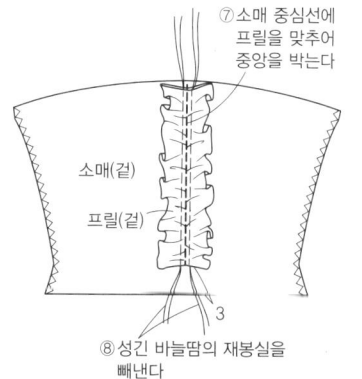

⑦소매 중심선에
프릴을 맞추어
중앙을 박는다

소매(겉)

프릴(겉)

⑧성긴 바늘땀의 재봉실을
빼낸다

B-1 빨강 원피스

--> p.21

● **필요한 옷본(실물 대형 옷본 B면)**
앞, 뒤, 앞 스커트, 뒤 스커트, 포켓

● **재료(100／110／120／130／140 사이즈)**
겉감(마) 110cm 폭 1.1m／1.2m／1.3m／1.4m／1.5m
단추 지름 1.5cm 3개
똑딱단추 3세트

● **박기 전 준비**
· 옆, 포켓 둘레의 시접을 천의 겉쪽에서
  지그재그 박기 한다
· 밑단, 포켓 입구를 완성선에 맞추어 다리미로 2번 접는다

● **박는 법**
① 겉 몸판과 안 몸판의 어깨를 박는다.
   각각의 앞뒤 몸판을 겉끼리 맞대어 박고 시접을 가른다
② 겉 몸판과 안 몸판을 박는다(→ p.68)
③ 스커트의 진동 둘레를 박는다(→ p.69)
④ 스커트의 옆을 박는다(→ p.69)
⑤ 포켓을 만들어 단다.
   포켓 입구를 박고 둘레의 시접을 완성선에서 접어
   포켓을 만든다.
   몸판의 포켓 위치에 겹쳐 박는다(→ p.59)
⑥ 뒤 스커트에 개더를 잡아
   뒤 몸판과 박는다(→ p.69)
⑦ 앞 스커트에 개더를 잡아
   앞 몸판과 박는다(→ p.69)
⑧ 밑단을 2번 접어 박는다
⑨ 단추, 똑딱단추를 단다(→ p.72)

● **재단 배치도**

*지정된 곳 이외의 시접은 1cm

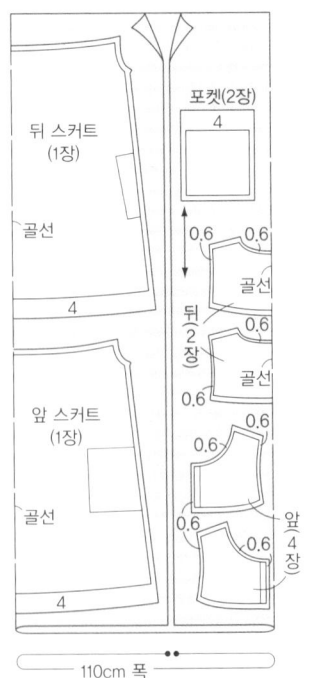

● **박는 순서**

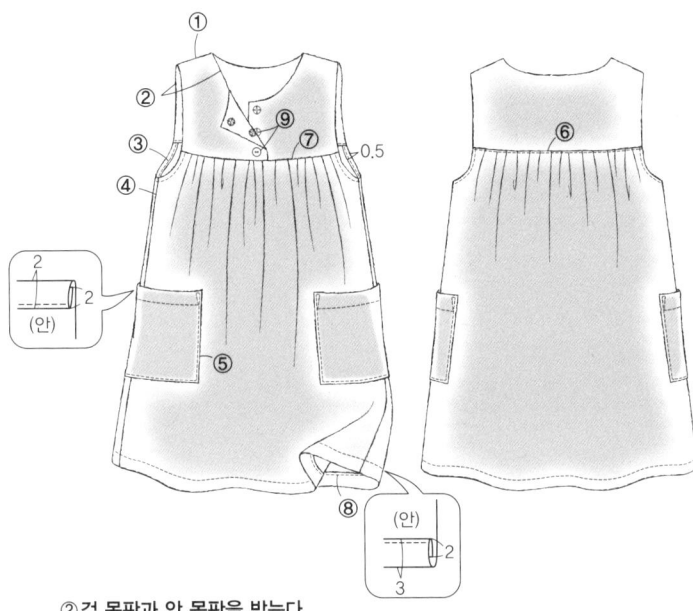

② 겉 몸판과 안 몸판을 박는다

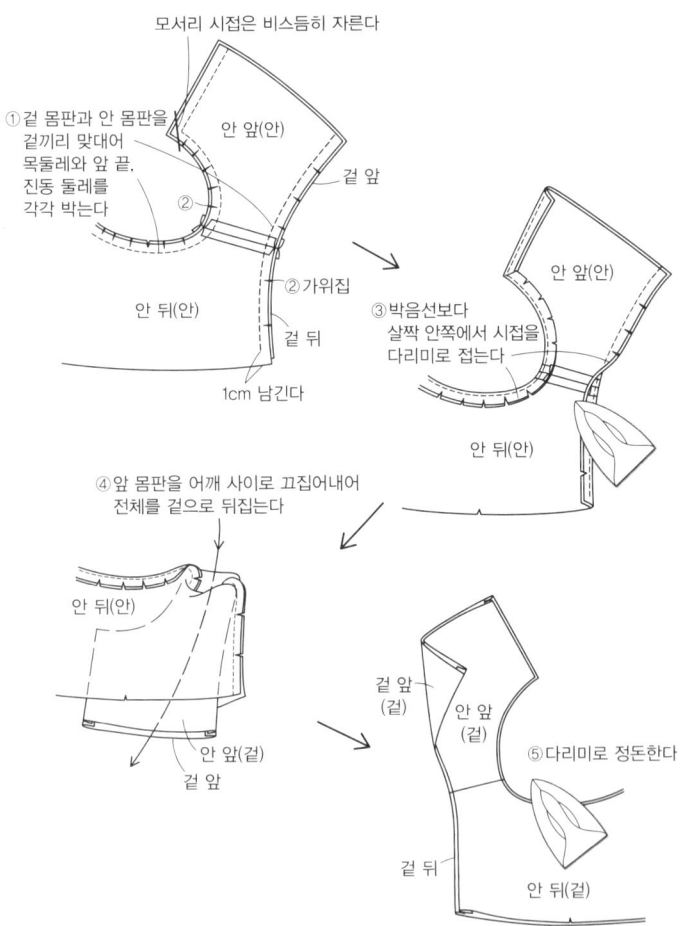

③ 스커트의 진동 둘레를 박는다

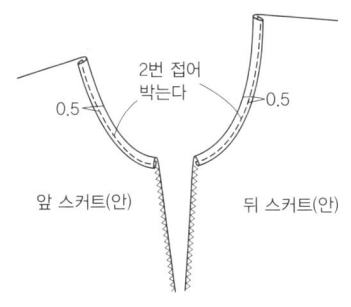

2번 접어 박는다

0.5 / 0.5

앞 스커트(안)   뒤 스커트(안)

④ 스커트의 옆을 박는다

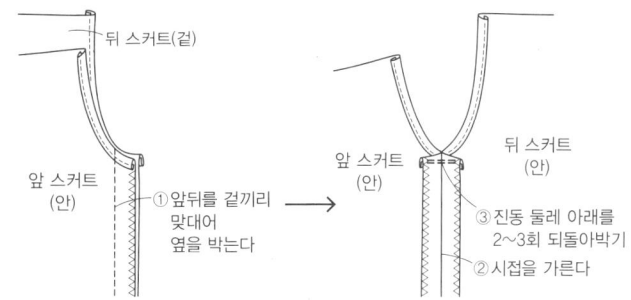

뒤 스커트(겉)

앞 스커트(안)

① 앞뒤를 겉끼리 맞대어 옆을 박는다

앞 스커트(안)   뒤 스커트(안)

③ 진동 둘레 아래를 2~3회 되돌아박기

② 시접을 가른다

⑥ 뒤 스커트에 개더를 잡아 뒤 몸판과 박는다

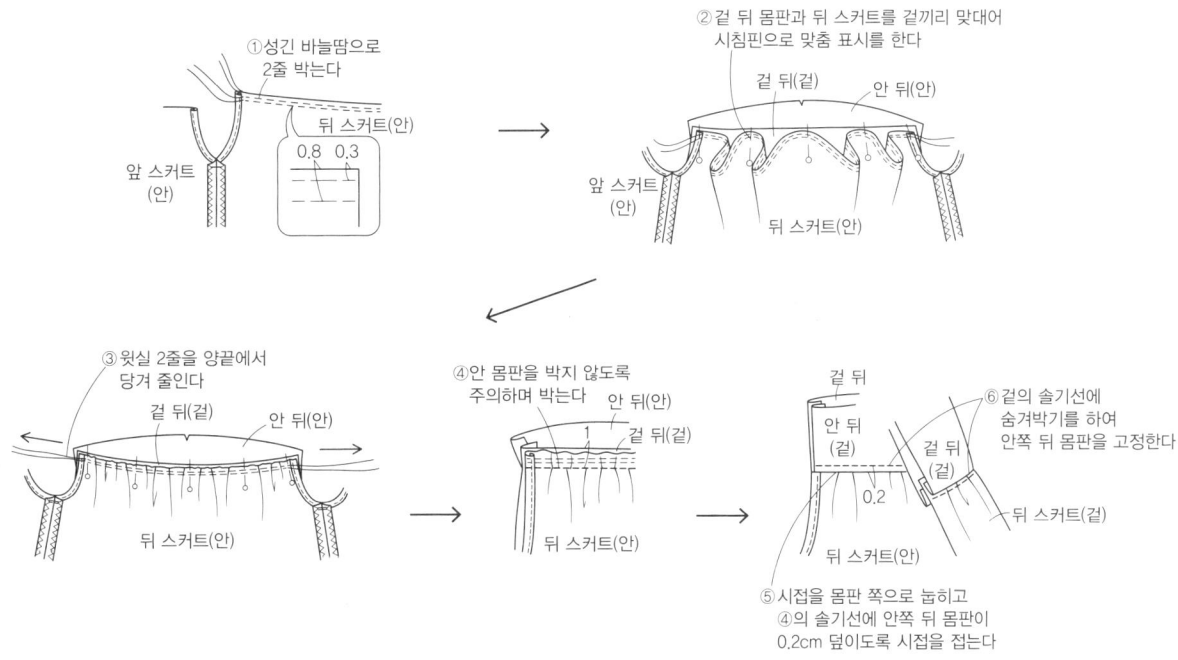

① 성긴 바늘땀으로 2줄 박는다

뒤 스커트(안)

0.8 0.3

앞 스커트(안)

② 겉 뒤 몸판과 뒤 스커트를 겉끼리 맞대어 시침핀으로 맞춤 표시를 한다

겉 뒤(겉)   안 뒤(안)

앞 스커트(안)   뒤 스커트(안)

③ 윗실 2줄을 양끝에서 당겨 줄인다

겉 뒤(겉)   안 뒤(안)

뒤 스커트(안)

④ 안 몸판을 박지 않도록 주의하며 박는다

안 뒤(안) 겉 뒤(겉)

1

뒤 스커트(안)

겉 뒤

안 뒤(겉)

겉 뒤(겉)

0.2

뒤 스커트(안)

⑥ 겉의 솔기선에 숨겨박기를 하여 안쪽 뒤 몸판을 고정한다

뒤 스커트(겉)

⑤ 시접을 몸판 쪽으로 눕히고 ④의 솔기선에 안쪽 뒤 몸판이 0.2cm 덮이도록 시접을 접는다

⑦ 앞 스커트에 개더를 잡아 앞 몸판과 박는다

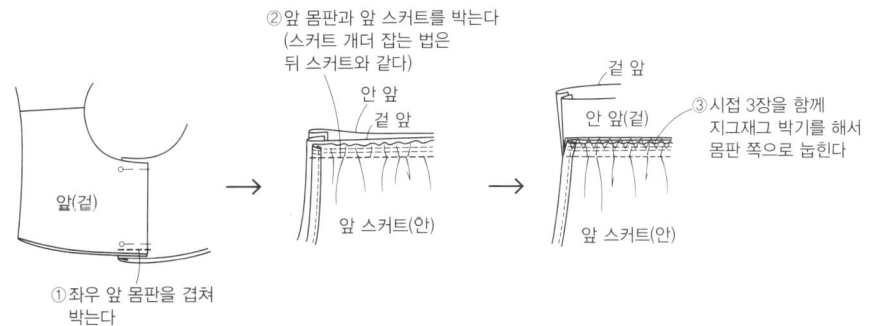

앞(겉)

① 좌우 앞 몸판을 겹쳐 박는다

② 앞 몸판과 앞 스커트를 박는다 (스커트 개더 잡는 법은 뒤 스커트와 같다)

안 앞   겉 앞

앞 스커트(안)

겉 앞

안 앞(겉)

③ 시접 3장을 함께 지그재그 박기를 해서 몸판 쪽으로 눕힌다

앞 스커트(안)

B-2 파이핑 원피스

--> p.22

●**필요한 옷본**(실물 대형 옷본 B면)

앞, 뒤, 앞 스커트, 뒤 스커트, 포켓

●**재료**(100／110／120／130／140 사이즈)

겉감(면마) 110cm 폭 1.1m／1.2m／1.3m／1.4m／1.5m

테두리용 바이어스테이프 11mm 폭 2.6m／2.7m／2.8m／
　2.9m／3m

●**박기 전 준비**

· 옆, 포켓 둘레의 시접을 천의 겉쪽에서 지그재그 박기 한다

· 밑단을 완성선에 맞춰 다리미로 2번 접는다

●**박는 법**

① 스커트 옆을 박는다
　앞뒤를 겉끼리 맞대어 박고 시접을 가른다

② 포켓를 만들어 단다(→ p.70)

③ 뒤 스커트에 개더를 잡아(→ p.69 ①) 뒤 몸판과 박는다.
　시접은 지그재그 박기를 하여 몸판 쪽으로 눕힌다

④ 앞 스커트에 개더를 잡아 앞 몸판과 박는다.
　시접은 지그재그 박기를 하여 몸판 쪽으로 눕힌다

⑤ 진동 둘레와 목둘레를 테두리용 바이어스테이프로
　마무리한다(→ p.70)

⑥ 밑단을 2번 접어 박는다

●**재단 배치도**

*지정된 곳 이외의 시접은 1cm
　0 부분은 옷본의 완성선을
　사용한다

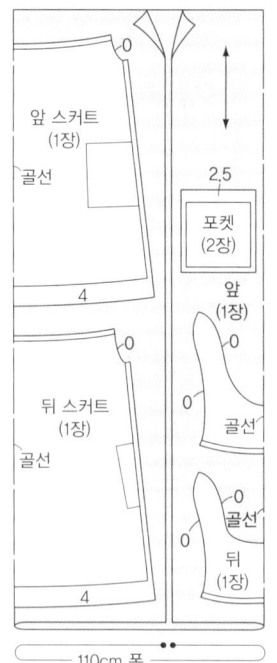

●**박는 순서**

② **포켓을 만들어 단다**

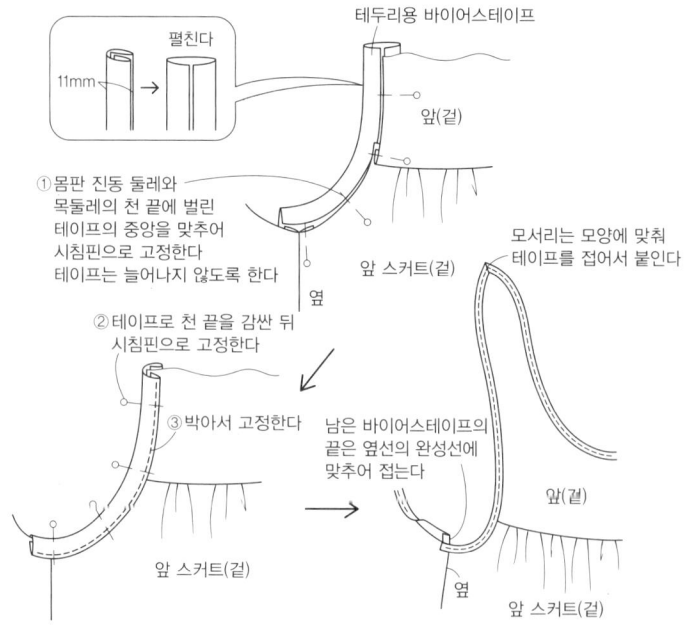

⑤ **진동 둘레와 목둘레를 테두리용 바이어스테이프로 마무리한다**

B-3 어깨 리본 튜닉

--> p.24

●**필요한 옷본**(실물 대형 옷본 B면)

앞, 뒤, 앞 스커트, 뒤 스커트

●**재료**(100／110／120／130／140 사이즈)

겉감(면) 110cm 폭 1.1m／1.2m／1.2m／1.3m／1.4m

●**박기 전 준비**

· 옆 시접을 천의 겉쪽에서 지그재그 박기 한다

· 밑단을 완성선에 맞추어 다리미로 2번 접는다

●**박는 법**

①겉 몸판과 안 몸판을 박는다(→ p.71)

②스커트의 진동 둘레를 박는다.

　다리미로 시접을 0.5cm 폭으로 2번 접어 박는다(→ p.69)

③스커트 옆을 박는다.

　앞뒤를 겉끼리 맞대어 박고 시접을 가른다.

　진동 둘레 아래를 되돌아박기 한다(→ p.69)

④뒤 스커트에 개더를 잡아

　뒤 몸판과 박는다(→ p.69 + p.71)

⑤앞 스커트에 개더를 잡아

　앞 몸판과 박는다(→ p.71)

⑥밑단을 2번 접어 박는다

●**재단 배치도**

＊지정된 곳 이외의 시접은 1cm

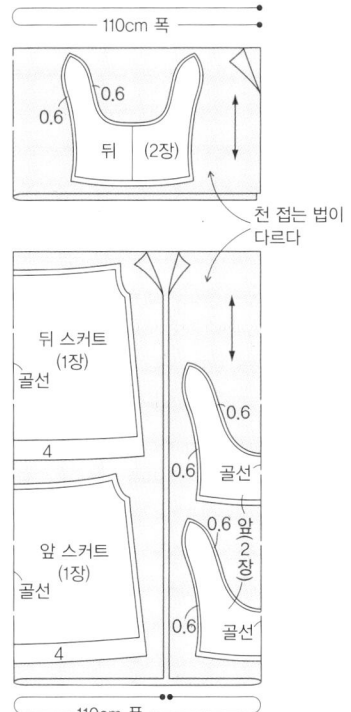

110cm 폭

0.6　0.6

뒤 (2장)

천 접는 법이 다르다

뒤 스커트 (1장) 골선

4

앞 스커트 (1장) 골선

4

0.6

0.6 골선

0.6 앞 2장

0.6 골선

110cm 폭

●**박는 순서**

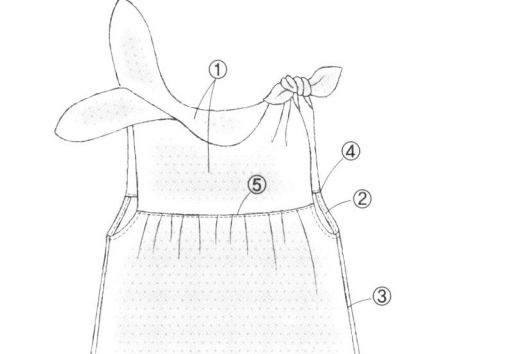

①④⑤②③⑥

(안) 2 2

①겉 몸판과 안 몸판을 박는다

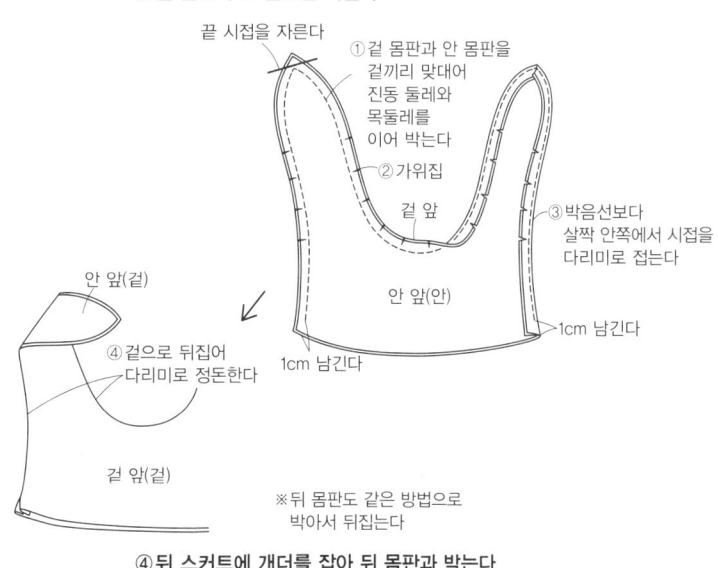

끝 시접을 자른다

①겉 몸판과 안 몸판을 겉끼리 맞대어 진동 둘레와 목둘레를 이어 박는다

②가위집

겉 앞

③박음선보다 살짝 안쪽에서 시접을 다리미로 접는다

안 앞(안)

안 앞(겉)

1cm 남긴다

1cm 남긴다

④겉으로 뒤집어 다리미로 정돈한다

겉 앞(겉)

※뒤 몸판도 같은 방법으로 박아서 뒤집는다

④뒤 스커트에 개더를 잡아 뒤 몸판과 박는다

⑤앞 스커트에 개더를 잡아 앞 몸판과 박는다

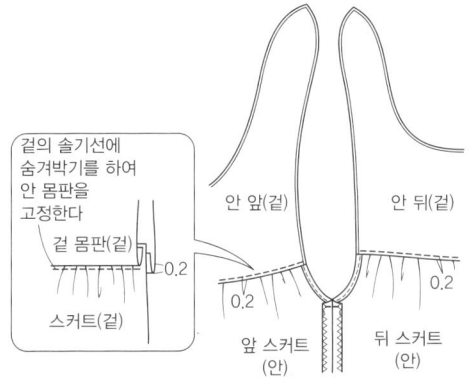

겉의 솔기선에 숨겨박기를 하여 안 몸판을 고정한다

겉 몸판(겉)

0.2

스커트(겉)

안 앞(겉)

안 뒤(겉)

0.2

0.2

앞 스커트 (안)

뒤 스커트 (안)

※앞뒤 몸판 모두 스커트 박는 법은
p.69 '⑥ 뒤 스커트에 개더를 잡아 뒤 몸판과 박는다'를 참조

B-4 프릴 소매 꽃무늬 원피스

--> p.25

●필요한 옷본(실물 대형 옷본 B면)
앞, 뒤, 앞 스커트, 뒤 스커트, 프릴, 주머니

●재료(100／110／120／130／140 사이즈)
겉감(면 론) 110cm 폭 1.3m／1.4m／1.5m／1.6m／1.7m
접착테이프(오른쪽 앞 포켓 입구 분량) 1.5cm 폭 15cm
단추 지름 1.1cm 3개
똑딱단추 3세트

●박기 전 준비
・오른쪽 앞 포켓 입구의 시접 안쪽에 접착테이프를 붙인다
・옆, 주머니의 옆 시접을 천의 겉쪽에서 지그재그 박기 한다
・밑단을 완성선에 맞추어 다리미로 2번 접는다

●박는 법
①겉 몸판과 안 몸판의 어깨를 박는다.
　각각의 앞뒤 몸판을 겉끼리 맞대어 박고 시접을 가른다
②프릴을 만들어 개더를 잡고 겉 몸판에 임시로 고정한다(→ p.72)
③겉 몸판과 안 몸판을 박는다(→ p.68)
④스커트의 진동 둘레를 박는다(→ p.69)
⑤스커트의 옆을 박고 오른쪽 옆에 포켓을 만든다(→ p.65)
⑥뒤 스커트에 개더를 잡아 뒤 몸판과 박는다(→ p.69)
⑦앞 스커트에 개더를 잡아 앞 몸판과 박는다(→ p.69)
⑧밑단을 2번 접어 박는다
⑨단추, 똑딱단추를 단다(→ p.72)

●재단 배치도

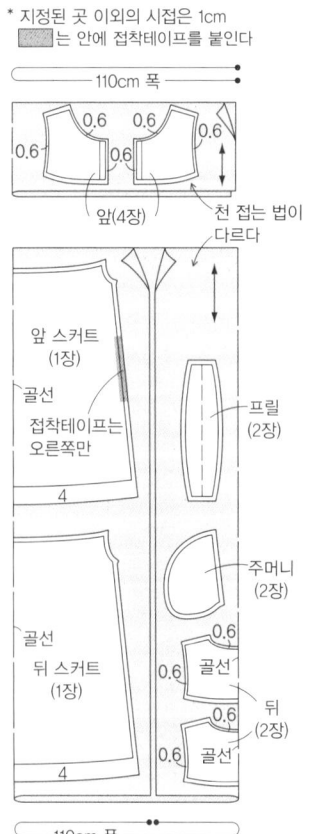

* 지정된 곳 이외의 시접은 1cm
▨ 는 안에 접착테이프를 붙인다

●박는 순서

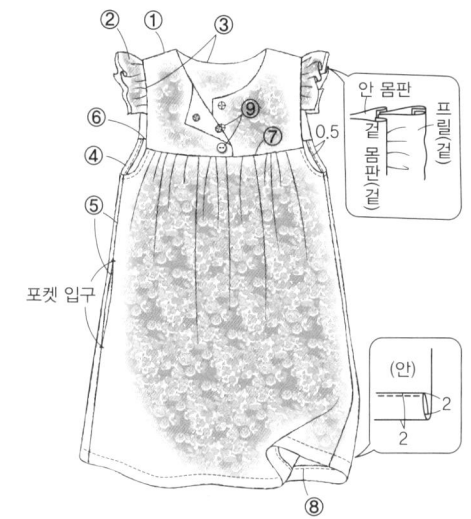

②프릴에 개더를 잡아 겉 몸판에 임시로 고정한다

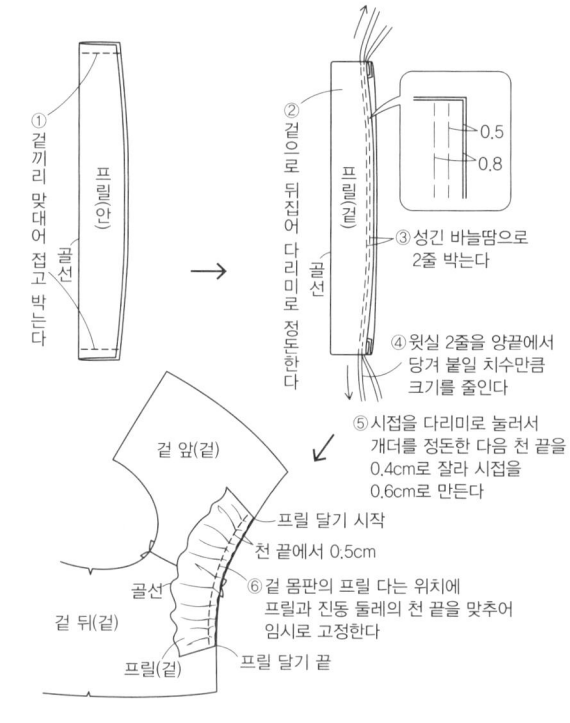

①겉끼리 맞대어 접고 박는다
②겉으로 뒤집어 다리미로 정돈한다
③성긴 바늘땀으로 2줄 박는다
④윗실 2줄을 양끝에서 당겨 붙일 치수만큼 크기를 줄인다
⑤시접을 다리미로 눌러서 개더를 정돈한 다음 천 끝을 0.4cm로 잘라 시접을 0.6cm로 만든다
⑥겉 몸판의 프릴 다는 위치에 프릴과 진동 둘레의 천 끝을 맞추어 임시로 고정한다

프릴 달기 시작
천 끝에서 0.5cm
프릴 달기 끝

⑨단추, 똑딱단추를 단다

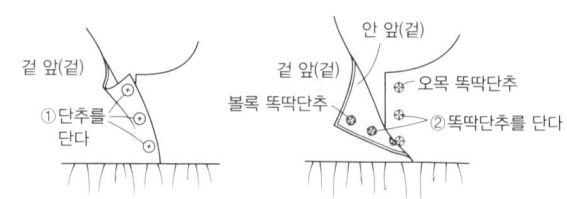

①단추를 단다
②똑딱단추를 단다
오목 똑딱단추
볼록 똑딱단추

C-3 스트라이프 팬츠
--> p.31

●필요한 옷본(실물 대형 옷본 C면)
앞 팬츠, 뒤 팬츠, 앞 벨트, 뒤 벨트, 주머니,
주머니 안감, 포켓

●재료(100／110／120／130／140 사이즈)
겉감(가는 줄무늬가 들어간 데님) 112cm 폭 1.1m／
　1.2m／1.4m／1.6m／1.7m
다른 천(면) 40×25cm
접착테이프(앞 포켓 입구 분량) 1.5cm 폭 30cm
고무줄 3cm 폭 19cm／21cm／23cm／25cm／27cm

●박는 법
① 뒤 다트를 박는다(→ p.73)
② 뒤 포켓을 만들어 단다.
　포켓 입구를 박고 둘레 시접을
　완성선대로 접어 포켓을 만든다.
　뒤 팬츠 다는 위치에 포켓을 겹쳐 박는다(→ p.59)
③ 앞 포켓을 만든다(→ p.74)
④ 앞 턱을 접는다(→ p.74)
⑤ 옆을 박는다(→ p.74)
⑥ 밑아래를 박는다(→ p.74)
⑦ 밑단을 2번 접어 박는다(→ p.75)
⑧ 밑위를 앞뒤 이어서 박는다(→ p.75)
⑨ 벨트 옆을 박는다(→ p.75)
⑩ 벨트를 팬츠에 붙이고 고무줄을 넣는다(→ p.75)

●재단 배치도
＊지정된 곳 이외의 시접은 1cm
▨ 는 안쪽에 접착테이프를 붙인다

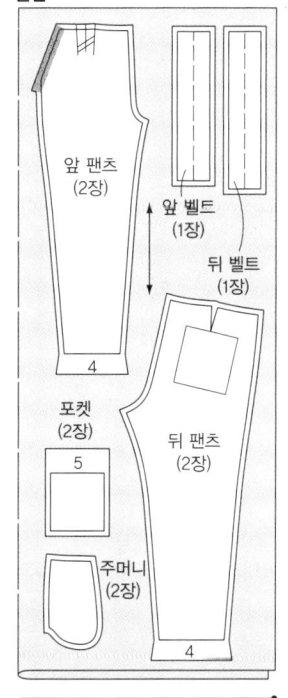

겉감

앞 팬츠
(2장)

앞 벨트
(1장)

뒤 벨트
(1장)

포켓
(2장)

5

뒤 팬츠
(2장)

4

주머니
(2장)

4

←── 112cm 폭 ──→

다른 천

주머니
안감
(2장)

←─ 40 ─→

●박기 전 준비

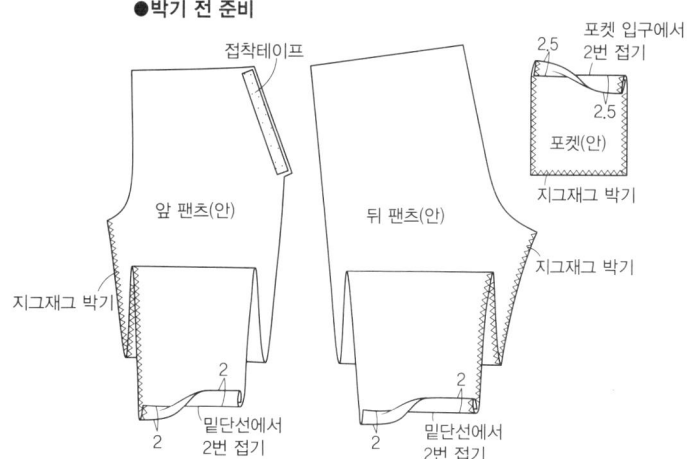

접착테이프

포켓 입구에서
2번 접기

2.5

2.5

포켓(안)

지그재그 박기

앞 팬츠(안)

뒤 팬츠(안)

지그재그 박기

지그재그 박기

2

2

밑단선에서
2번 접기

2

2

밑단선에서
2번 접기

· 앞 포켓 입구의 시접 안쪽에 접착테이프를 붙인다
· 밑아래, 포켓 둘레의 시접을 천의 겉쪽에서 지그재그 박기 한다
· 밑단, 포켓 입구를 완성선에 맞추어 다리미로 2번 접는다

●박는 순서

⑩ ④ ③ ⑧ ⑤ ⑥ ⑦

⑨ ①

2.5 2.5
(안)

②

(안)
2
2

①뒤 다트를 박는다

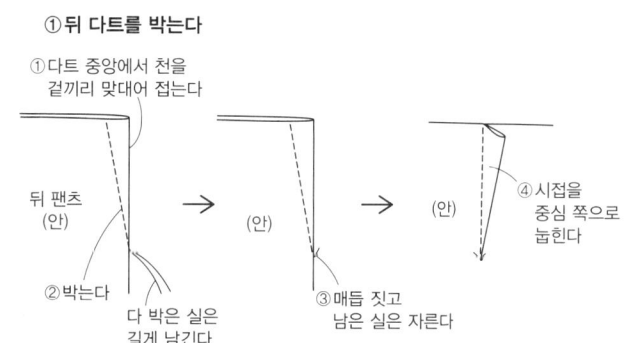

① 다트 중앙에서 천을
　겉끼리 맞대어 접는다

뒤 팬츠
(안)

② 박는다

다 박은 실은
길게 남긴다

(안)

③ 매듭 짓고
남은 실은 자른다

(안)

④ 시접을
중심 쪽으로
눕힌다

73

③앞 포켓을 만든다

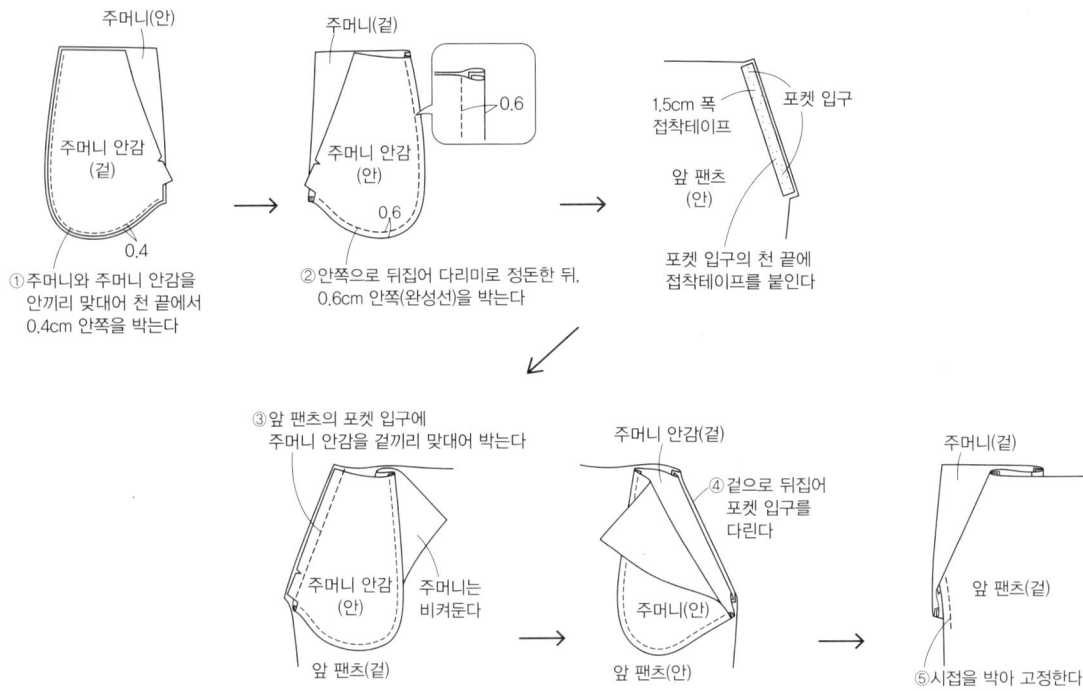

주머니(안)

주머니 안감
(겉)

0.4

①주머니와 주머니 안감을
안끼리 맞대어 천 끝에서
0.4cm 안쪽을 박는다

주머니(겉)

주머니 안감
(안)

0.6

0.6

②안쪽으로 뒤집어 다리미로 정돈한 뒤,
0.6cm 안쪽(완성선)을 박는다

1.5cm 폭
접착테이프

포켓 입구

앞 팬츠
(안)

포켓 입구의 천 끝에
접착테이프를 붙인다

③앞 팬츠의 포켓 입구에
주머니 안감을 겉끼리 맞대어 박는다

주머니 안감
(안)

주머니는
비켜둔다

앞 팬츠(겉)

주머니 안감(겉)

④겉으로 뒤집어
포켓 입구를
다린다

주머니(안)

앞 팬츠(안)

주머니(겉)

앞 팬츠(겉)

⑤시접을 박아 고정한다

④앞 턱을 접는다

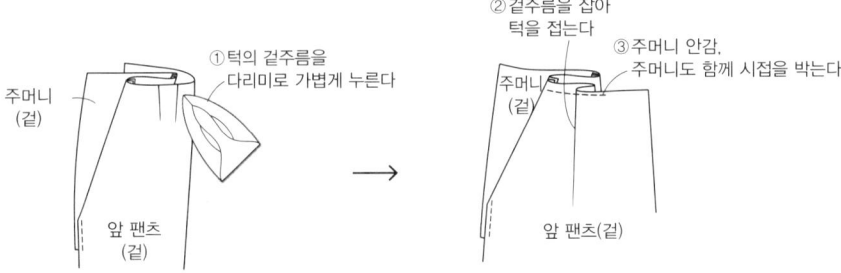

주머니
(겉)

①턱의 겉주름을
다리미로 가볍게 누른다

앞 팬츠
(겉)

②겉주름을 잡아
턱을 접는다

③주머니 안감,
주머니도 함께 시접을 박는다

주머니
(겉)

앞 팬츠(겉)

⑤옆을 박는다

⑥밑아래를 박는다

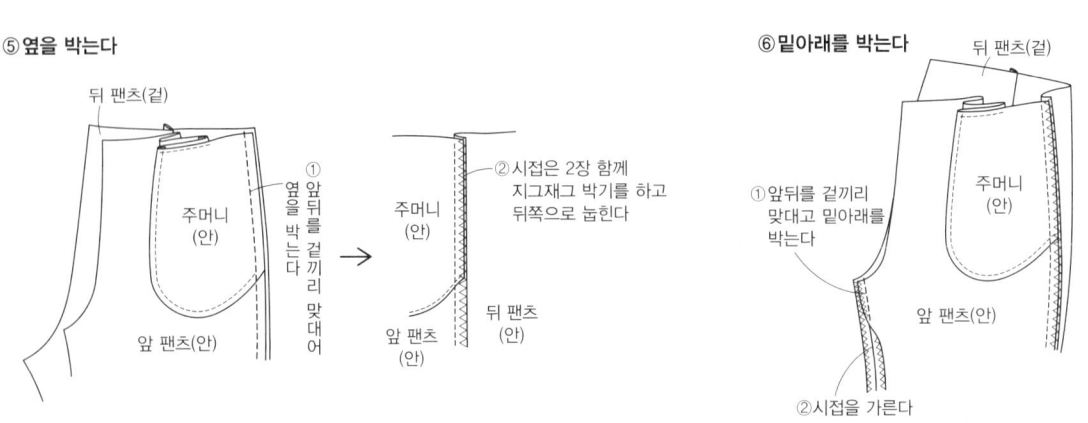

뒤 팬츠(겉)

주머니
(안)

①
옆
을
박
는
다
앞
뒤
를
걸
끼
리
맞
대
어

앞 팬츠(안)

②시접은 2장 함께
지그재그 박기를 하고
뒤쪽으로 눕힌다

주머니
(안)

앞 팬츠
(안)

뒤 팬츠
(안)

뒤 팬츠(겉)

①앞뒤를 겉끼리
맞대고 밑아래를
박는다

주머니
(안)

앞 팬츠(안)

②시접을 가른다

74

⑦밑단을 2번 접어 박는다
⑧밑위를 앞뒤 이어서 박는다

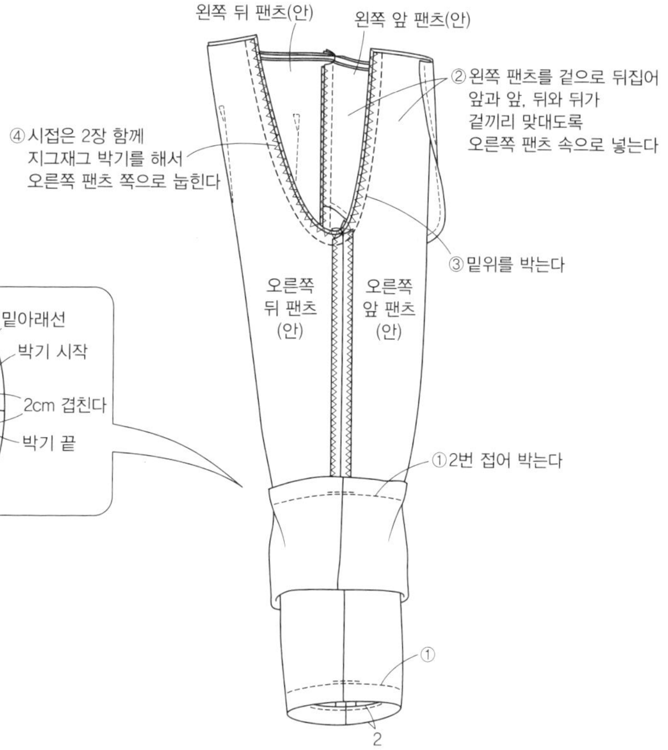

왼쪽 뒤 팬츠(안) 왼쪽 앞 팬츠(안)

②왼쪽 팬츠를 겉으로 뒤집어
앞과 앞, 뒤와 뒤가
겉끼리 맞대도록
오른쪽 팬츠 속으로 넣는다

④시접은 2장 함께
지그재그 박기를 해서
오른쪽 팬츠 쪽으로 눕힌다

③밑위를 박는다

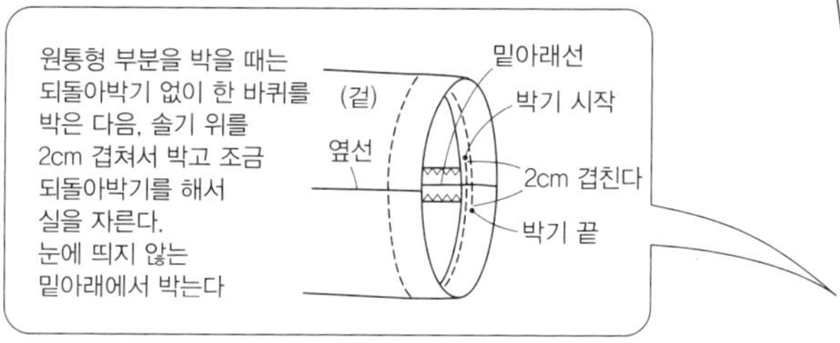

원통형 부분을 박을 때는
되돌아박기 없이 한 바퀴를
박은 다음, 솔기 위를
2cm 겹쳐서 박고 조금
되돌아박기를 해서
실을 자른다.
눈에 띄지 않는
밑아래에서 박는다

밑아래선
(겉)
박기 시작
옆선
2cm 겹친다
박기 끝

오른쪽
뒤 팬츠
(안)

오른쪽
앞 팬츠
(안)

①2번 접어 박는다

①

2

⑨벨트 옆을 박는다

뒤 벨트(겉)

앞 벨트(안)

앞뒤 벨트를 겉끼리 맞대어
박고 시접을 가른다

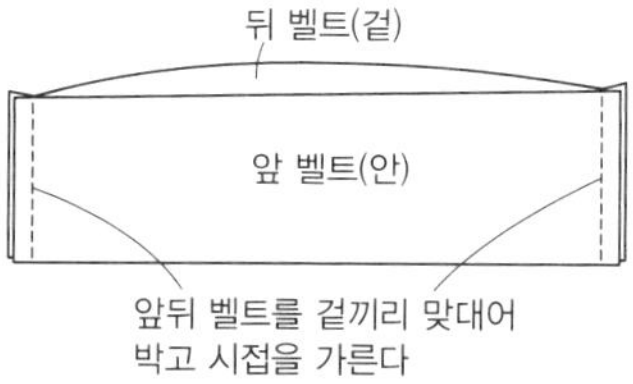

⑩벨트를 팬츠에 붙이고 고무줄을 넣는다

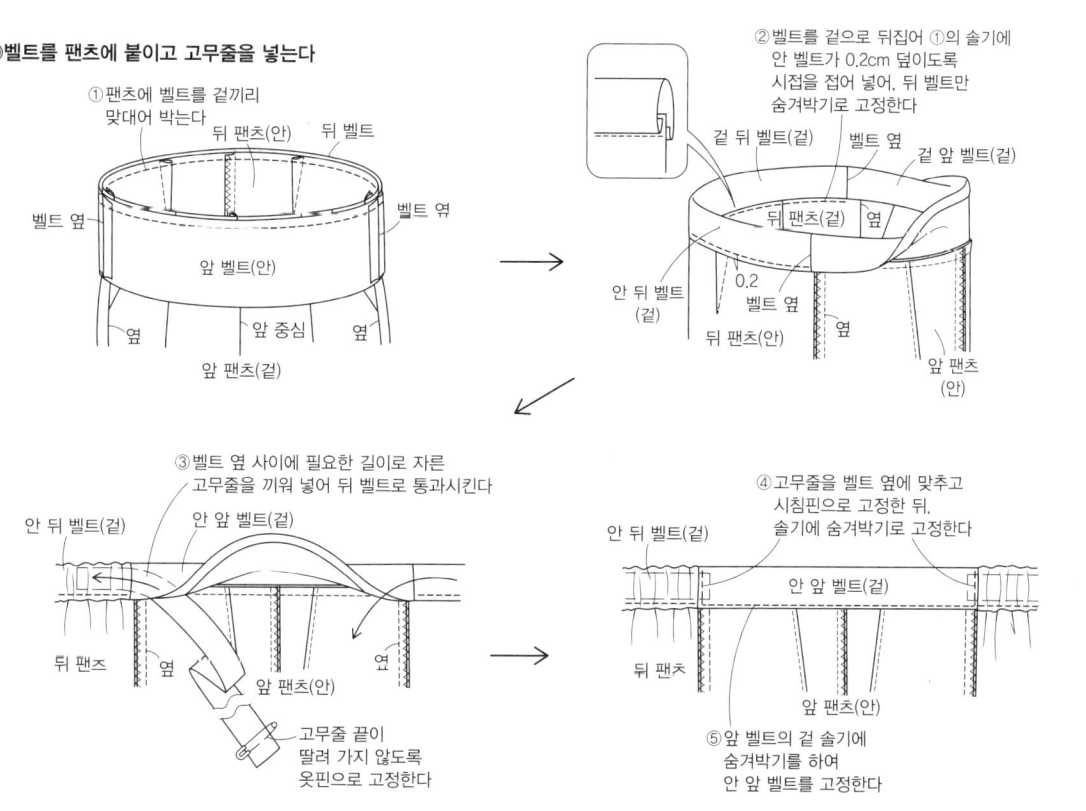

①팬츠에 벨트를 겉끼리
맞대어 박는다

뒤 팬츠(안)   뒤 벨트

벨트 옆   벨트 옆

앞 벨트(안)

옆   앞 중심   옆

앞 팬츠(겉)

②벨트를 겉으로 뒤집어 ①의 솔기에
안 벨트가 0.2cm 덮이도록
시접을 접어 넣어, 뒤 벨트만
숨겨박기로 고정한다

겉 뒤 벨트(겉)   벨트 옆   겉 앞 벨트(겉)

뒤 팬츠(겉)   옆

안 뒤 벨트
(겉)

0.2

벨트 옆

뒤 팬츠(안)

옆

앞 팬츠
(안)

③벨트 옆 사이에 필요한 길이로 자른
고무줄을 끼워 넣어 뒤 벨트로 통과시킨다

안 뒤 벨트(겉)

안 앞 벨트(겉)

뒤 팬츠   옆   앞 팬츠(안)   옆

고무줄 끝이
딸려 가지 않도록
옷핀으로 고정한다

④고무줄을 벨트 옆에 맞추고
시침핀으로 고정한 뒤,
솔기에 숨겨박기로 고정한다

안 뒤 벨트(겉)

안 앞 벨트(겉)

뒤 팬츠

앞 팬츠(안)

⑤앞 벨트의 겉 솔기에
숨겨박기를 하여
안 앞 벨트를 고정한다

C-2 올인원
--> p.30

●필요한 옷본(실물 대형 옷본 C면)
앞 팬츠, 뒤 팬츠, 주머니, 주머니 안감, 포켓
・앞, 뒤, 어깨끈은 재단 배치도에 표시된
　치수를 천에 직접 그려서 자른다

●재료(100／110／120／130／140 사이즈)
겉감(면 론) 110cm 폭 1.3m／1.5m／1.6m／1.8m／1.9m
다른 천(면)　40×25cm
접착테이프(앞 포켓 입구 분량) 1.5cm 폭 30cm
고무줄 0.6cm 폭 45cm／48cm／51cm／54cm／57cm(몸판
　상단 분량), 19cm／21cm／23cm／25cm／27cm(뒤 허리 분량),
　42cm／44cm／46cm／48cm／50cm(어깨끈 분량)

●박기 전 준비(→p.73)
・앞 포켓 입구의 시접 안쪽에 접착테이프를 붙인다
・몸판 옆, 밑아래, 포켓 둘레의 시접을 천의 겉쪽에서
　지그재그 박기 한다
・몸판 상단, 밑단, 포켓 입구를 완성선에 맞추어 다리미로 2번 접는다

●박는 법
① 뒤 다트를 박는다(→ p.73)
② 뒤 포켓을 만들어 단다. 포켓 입구를 박고 둘레 시접을 완성선대로
　접어 포켓을 만든다. 뒤 팬츠의 붙이는 위치에 겹쳐 박는다(→ p.59)
③ 앞 포켓을 만든다(→ p.74)　④ 앞 턱을 접는다(→ p.74)
⑤ 옆을 박는다(→ p.74)　⑥ 밑아래를 박는다(→ p.74)
⑦ 밑단을 2번 접어 박는다(→ p.75)
⑧ 밑위를 앞뒤 이어서 박는다(→ p.75)　⑨ 몸판 옆을 박는다(→ p.76)
⑩ 몸판 상단을 박고 고무줄을 넣는다(→ p.76)
⑪ 어깨끈을 만들어 단다(→ p.77)
⑫ 몸판과 팬츠를 박는다(→ p.77)
⑬ 뒤 허리에 고무줄을 박는다(→ p.77)

●재단 배치도

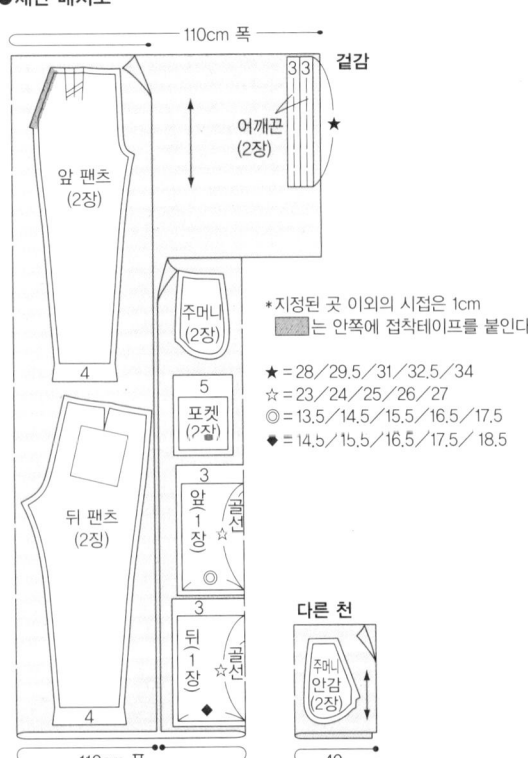

*지정된 곳 이외의 시접은 1cm
▨ 는 안쪽에 접착테이프를 붙인다

★＝28／29.5／31／32.5／34
☆＝23／24／25／26／27
◎＝13.5／14.5／15.5／16.5／17.5
◆＝14.5／15.5／16.5／17.5／18.5

●박는 순서

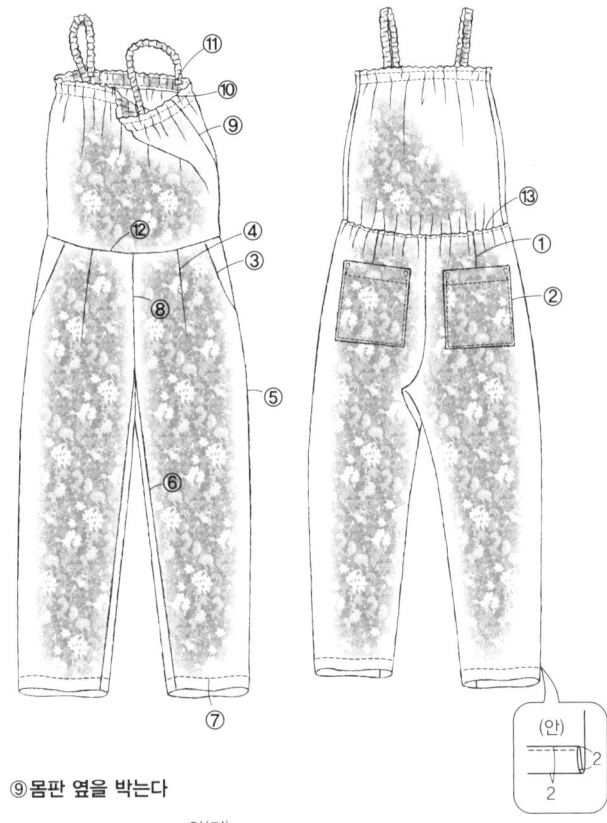

⑨ 몸판 옆을 박는다

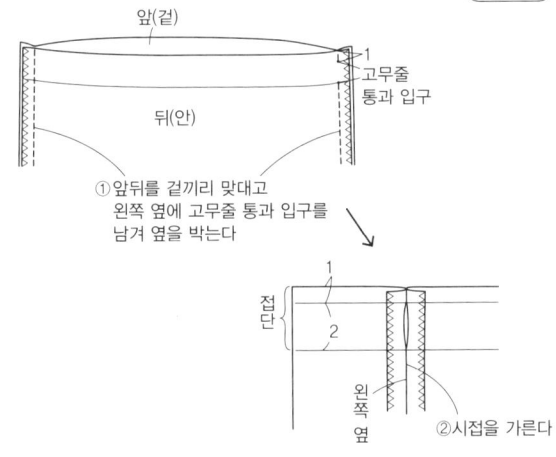

① 앞뒤를 겉끼리 맞대고
왼쪽 옆에 고무줄 통과 입구를
남겨 옆을 박는다

② 시접을 가른다

⑩ 몸판 상단을 박고 고무줄을 넣는다

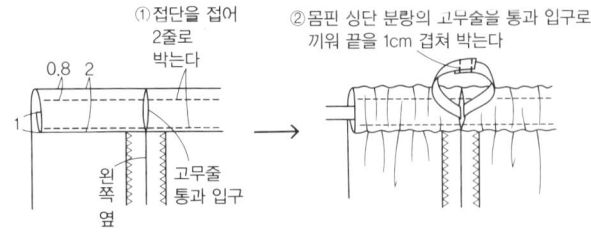

① 접단을 접어
2줄로
박는다

② 몸판 상단 분량의 고무줄을 통과 입구로
끼워 끝을 1cm 겹쳐 박는다

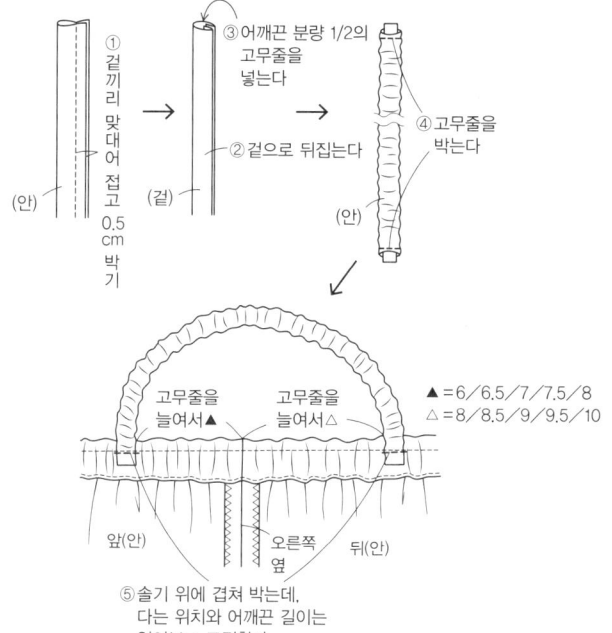

⑪ 어깨끈을 만들어 단다

① 겉끼리 맞대어 접고 0.5cm 박기
(안)

→

③ 어깨끈 분량 1/2의 고무줄을 넣는다
② 겉으로 뒤집는다
(겉)

→

④ 고무줄을 박는다
(안)

고무줄을 늘여서▲
고무줄을 늘여서△

▲=6/6.5/7/7.5/8
△=8/8.5/9/9.5/10

앞(안)
오른쪽 옆
뒤(안)

⑤ 솔기 위에 겹쳐 박는데, 다는 위치와 어깨끈 길이는 입어보고 조정한다

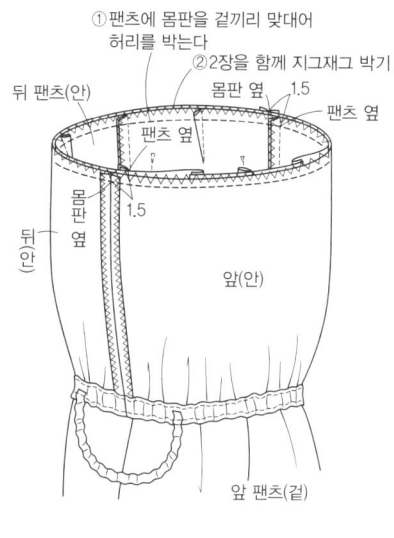

⑫ 몸판과 팬츠를 박는다

① 팬츠에 몸판을 겉끼리 맞대어 허리를 박는다
② 2장을 함께 지그재그 박기
뒤 팬츠(안)
몸판 옆
1.5
팬츠 옆
팬츠 옆
몸판 옆
뒤(안)
1.5
앞(안)
앞 팬츠(겉)

⑬ 뒤 허리에 고무줄을 박는다

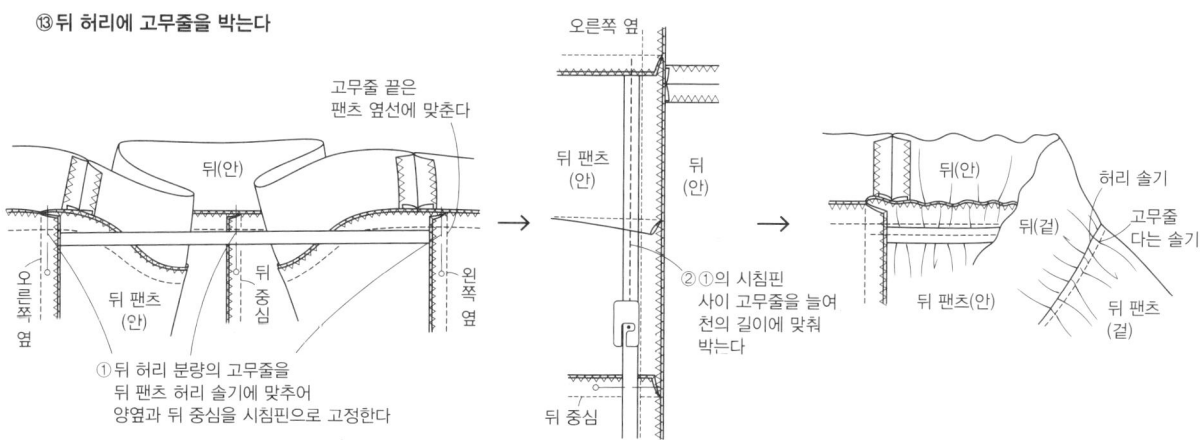

고무줄 끝은 팬츠 옆선에 맞춘다
뒤(안)
오른쪽 옆
뒤 팬츠(안)
뒤 중심
왼쪽 옆
① 뒤 허리 분량의 고무줄을 뒤 팬츠 허리 솔기에 맞추어 양옆과 뒤 중심을 시침핀으로 고정한다

→

오른쪽 옆
뒤 팬츠(안)
뒤(안)
② ①의 시침핀 사이 고무줄을 늘여 천의 길이에 맞춰 박는다
뒤 중심

→

뒤(안)
허리 솔기
고무줄 다는 솔기
뒤(겉)
뒤 팬츠(안)
뒤 팬츠(겉)

알면 좋은 POINT

시접 포함 옷본 만드는 법

부록의 시접 포함 옷본은 실물 대형 옷본의 완성선(가는 점선)에 박는 데 필요한 시접(재단 배치도에 있는 치수)을 더한 것이다. 이 시접선은 완성선과 평행하게 그려져 있지만, 모서리 부분이나 소맷부리, 밑단의 접단을 그대로 연장해서 그린다면 시접이 부족할 수 있으므로 시접을 더할 때 주의가 필요하다. 스스로 옷본을 만들 경우 시접 폭보다 조금 크게 송이를 살라내어, 포인트가 되는 몇 곳을 완성선에 맞추어 접은 뒤 시접선을 자른다.

밑단, 소맷부리의 경우

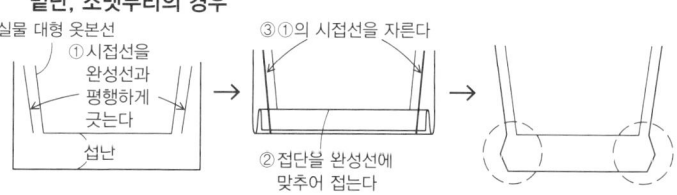

실물 대형 옷본선
① 시접선을 완성선과 평행하게 긋는다
접난

→

③ ①의 시접선을 자른다
② 접단을 완성선에 맞추어 접는다

→

●필요한 옷본(실물 대형 옷본 C면)

앞 팬츠, 뒤 팬츠, 앞 벨트, 뒤 벨트, 주머니,
주머니 안감, 포켓

●재료(100／110／120／130／140 사이즈)

겉감(덩거리 코튼) 112cm 폭 80cm／80cm／
90cm／90cm／1m
다른 천(면) 40×25cm
접착테이프(앞 포켓 입구 분량) 1.5cm 폭 30cm
고무줄 3cm 폭 19cm／21cm／23cm／25cm／27cm

●박기 전 준비(→p.73)

· 앞 포켓 입구의 시접 안쪽에 접착테이프를 붙인다
· 밑아래, 포켓 둘레의 시접을 천의 겉쪽에서
  지그재그 박기 한다
· 밑단, 포켓 입구를 완성선에 맞추어 다리미로 2번 접는다

●박는 법

①뒤 다트를 박는다(→ p.73)
②뒤 포켓을 만들어 단다(→ p.59)
③앞 포켓을 만든다(→ p.74)
④앞 턱을 접는다(→ p.74)
⑤옆을 박는다(→ p.74)
⑥밑아래를 박는다(→ p.74)
⑦밑단을 접어 박고 접단 분량을 접는다(→ p.78)
⑧밑위를 앞뒤 이어서 박는다(→ p.75)
⑨벨트 옆을 박는다(→ p.75)
⑩벨트를 팬츠에 붙이고 고무줄을 넣는다(→ p.75)

●재단 배치도

*지정된 곳 이외의 시접은 1cm
▨는 안쪽에 접착테이프를 붙인다

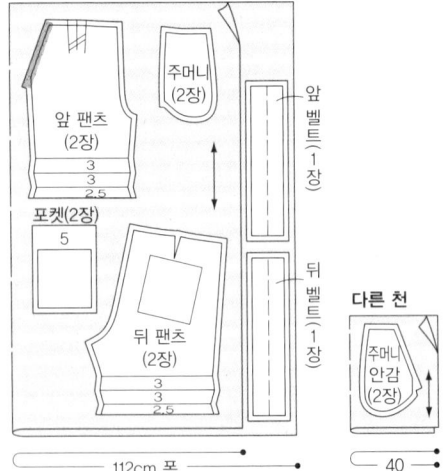

●박는 순서

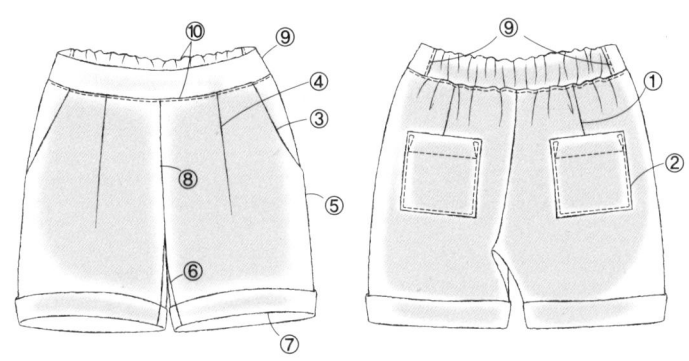

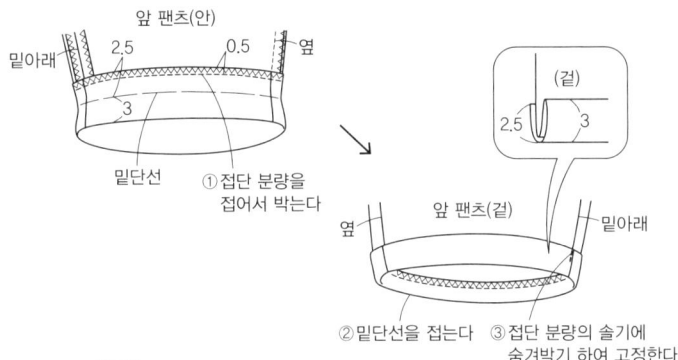

⑦밑단을 접어 박고 접단 분량을 접는다

앞 팬츠(안)
밑아래 2.5 0.5 옆
3
밑단선
①접단 분량을
접어서 박는다

2.5 (겉) 3

옆 앞 팬츠(겉) 밑아래

②밑단선을 접는다 ③접단 분량의 솔기에
숨겨박기 하여 고정한다

알면 좋은 POINT

완성선 없이 예쁘게 박는 법

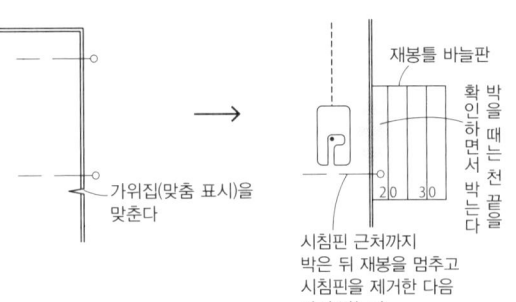

가위집(맞춤 표시)을
맞춘다

재봉틀 바늘판

박을 때는 천 끝을 확인하면서 박는다

시침핀 근처까지
박은 뒤 재봉을 멈추고
시침핀을 제거한 다음
다시 박는다.

2장의 천을 끝끼리 잘 맞추고 나서 시
침핀을 바깥에서 안쪽을 향하여 꽂은
뒤 바늘 한 땀을 떠서 고정한다. 고정
할 위치는 박을 부분의 위아래, 맞춤
표시인 가위집, 그 사이 순으로 시침
핀을 꽂아 고정한다.

재봉틀에 천을 놓고 천 끝의 위치를
재봉틀의 바늘판에 붙어 있는 눈금(시
접 폭 치수)에 맞추어 박는다.

●**필요한 옷본(실물 대형 옷본 C면)**
앞 팬츠, 뒤 팬츠, 가슴받이, 앞 벨트,
뒤 벨트, 주머니, 주머니 안감, 포켓
• 멜빵은 재단 배치도에 표시된 치수를 천에 직접 그려서 자른다

●**재료(100／110／120／130／140 사이즈)**
겉감(가는 골 코듀로이) 142cm 폭 1.1m／1.2m／
  1.2m／1.3m／1.4m
다른 천(면) 40×25cm
접착테이프(앞 포켓 입구 분량) 1.5cm 폭 30cm
고무줄 3cm 폭 19cm／21cm／23cm／25cm／27cm
단추 지름 1.5cm 2개 둥근 고무줄(스트링) 6cm

●**박기 전 준비(→p.73)**
• 앞 포켓 입구의 시접 안쪽에 접착테이프를 붙인다
• 밑아래, 포켓 둘레의 시접을 천의 겉쪽에서
  지그재그 박기 한다
• 밑단, 포켓 입구를 완성선에 맞추어 다리미로 2번 접는다

●**박는 법**
① 뒤 다트를 박는다(→p.73)
② 뒤 포켓을 만들어 단다(→p.59)
③ 앞 포켓을 만든다(→p.74)
④ 앞 턱을 접는다(→p.74)
⑤ 옆을 박는다(→p.74)
⑥ 밑아래를 박는다(→p.74)
⑦ 밑단을 2번 접어 박는다
⑧ 밑위를 앞뒤 이어서 박는다(→p.75)
⑨ 멜빵을 만든다.
  겉끼리 맞대어 박고 겉으로 뒤집어 박는다
⑩ 가슴받이를 만들어 앞 벨트를 붙인다(→p.79)
⑪ 벨트 옆을 박는다. 겉 안 앞 벨트를 펼쳐서
  뒤 벨트와 겉끼리 맞대어 박고 시접을 가른다
⑫ 벨트를 팬츠에 붙이고 고무줄을 넣는다(→p.75)
⑬ 둥근 고무줄과 단추를 단다(→p.79)

●**박는 순서**

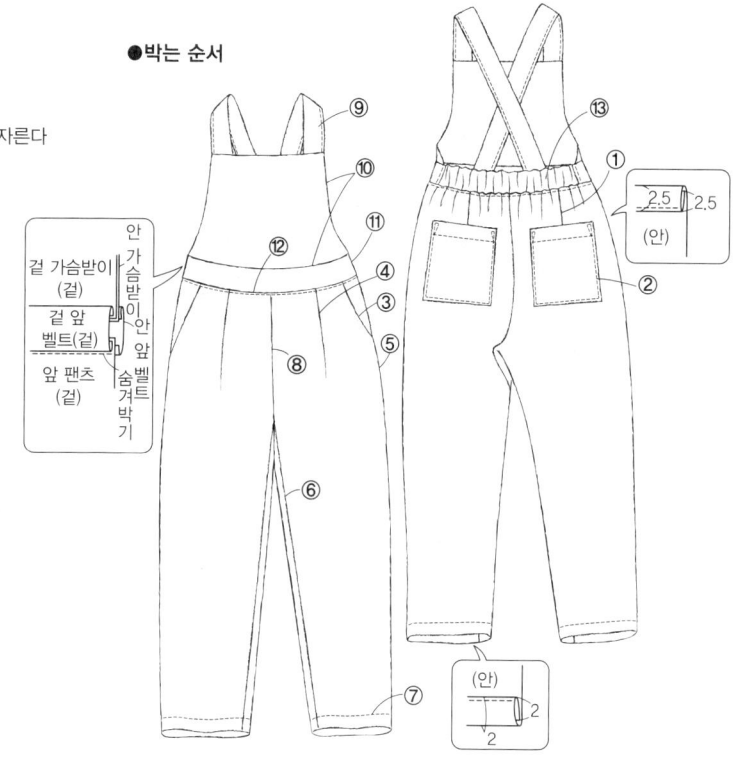

●**재단 배치도**

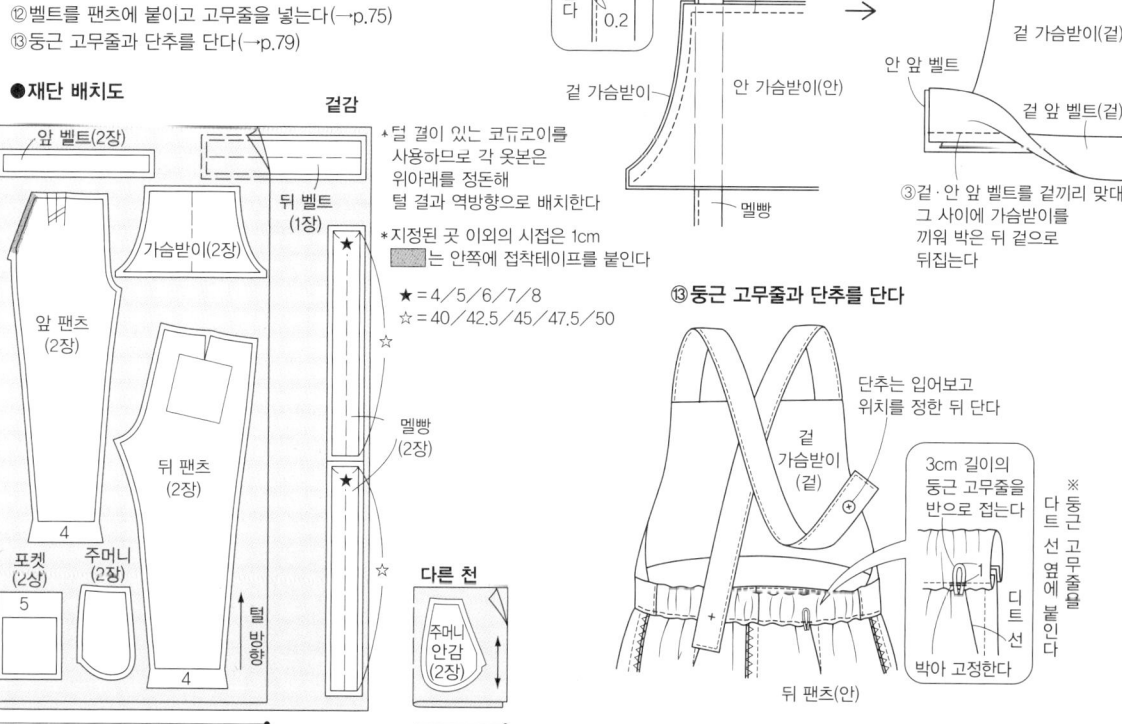

겉감

* 털 결이 있는 코듀로이를
  사용하므로 각 옷본은
  위아래를 정돈해
  털 결과 역방향으로 배치한다

* 지정된 곳 이외의 시접은 1cm
  ▨ 는 안쪽에 접착테이프를 붙인다

★ = 4／5／6／7／8
☆ = 40／42.5／45／47.5／50

⑩ **가슴받이를 만들어 앞 벨트를 붙인다**

① 겉·안 가슴받이를 겉끼리
   맞대고 그 사이에 멜빵을
   끼워서 박는다

② 겉으로 뒤집는다

③ 겉·안 앞 벨트를 겉끼리 맞대고
   그 사이에 가슴받이를
   끼워 박은 뒤 겉으로
   뒤집는다

⑬ **둥근 고무줄과 단추를 단다**

단추는 입어보고
위치를 정한 뒤 단다

3cm 길이의
둥근 고무줄을
반으로 접는다

박아 고정한다

C-5 호박 팬츠
--> p.34

●필요한 옷본(실물 대형 옷본 B, C면)
앞 팬츠, 뒤 팬츠, 앞 벨트, 뒤 벨트, 주머니,
주머니 안감, 포켓
- 밑단 입구의 테두리 천은 재단 배치도에 표시된
  치수를 천에 직접 그려서 자른다

●재료(100／110／120／130／140 사이즈)
겉감(면) 112cm 폭 70cm／70cm／80cm／
　90cm／90cm
다른 천(면) 40×25cm
파이핑 테이프 0.8cm 폭 1.9m／2m／2.1m／
　2.2m／2.3m
접착테이프(앞 포켓 입구 분량) 1.5cm 폭 30cm
고무줄 3cm 폭 19cm／21cm／23cm／
　25cm／27cm

●박기 전 준비(→p.73)
- 앞 포켓 입구의 시접 안쪽에 접착테이프를 붙인다
- 밑아래, 포켓 둘레의 시접을 천의 겉쪽에서
  지그재그 박기 한다

●박는 법
①뒤 다트를 박는다(→p.73)
②뒤 포켓을 만들어 단다.
　포켓 입구를 겉으로 2번 접어 파이핑 테이프를
　끼워 박고 둘레 시접을 완성선대로 접어 포켓을 만든다.
　뒤 팬츠의 포켓 다는 위치에 겹쳐 박는다(→ p.59)
③앞 포켓을 만든다(→ p.74, ③ 전에 파이핑 테이프를
　주머니 안감의 포켓 입구에 임시로 고정한다)
④앞 턱을 접는다(→ p.74)
⑤옆을 박는다(→ p.74)
⑥밑아래를 박는다(→ p.74)
⑦밑단 입구에 개더를 잡아 테두리 천으로 감싼다(→ p.80)
⑧밑위를 앞뒤 이어서 박는다(→ p.75)
⑨벨트의 옆을 박는다(→ p.75)
⑩벨트를 팬츠에 붙이고 고무줄을 넣는다.
　벨트는 박는 쪽에 파이핑 테이프를 임시로 고정하고
　팬츠와 함께 박는다(→ p.75)

●재단 배치도

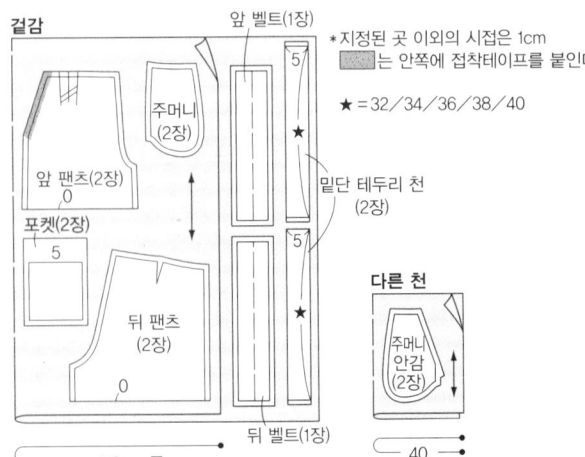

겉감

앞 벨트(1장)

주머니
(2장)

앞 팬츠(2장)
0

포켓(2장)
5

뒤 팬츠
(2장)
0

밑단 테두리 천
(2장)

뒤 벨트(1장)

112cm 폭

*지정된 곳 이외의 시접은 1cm
▨ 는 안쪽에 접착테이프를 붙인다

★ = 32／34／36／38／40

다른 천

주머니
안감
(2장)

40

●박는 순서

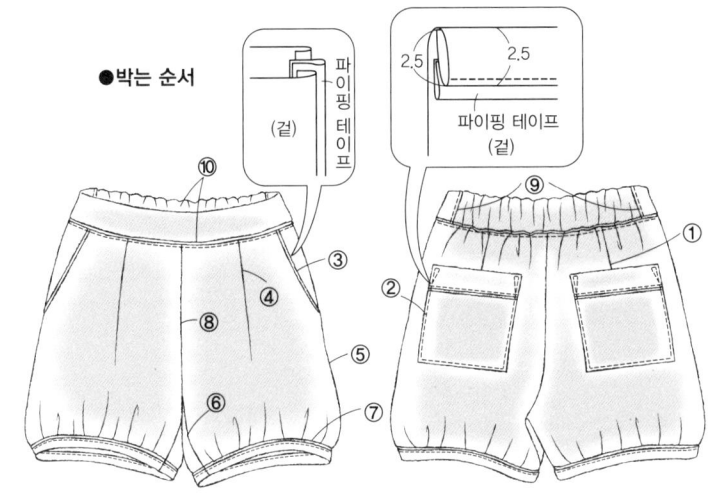

파이핑 테이프
(겉)

파이핑 테이프
(겉)

2.5　2.5

⑩　③　④　⑧　⑤　⑥　⑦

①　②　⑤　⑨

⑦밑단 입구에 개더를 잡아 테두리 천으로 감싼다

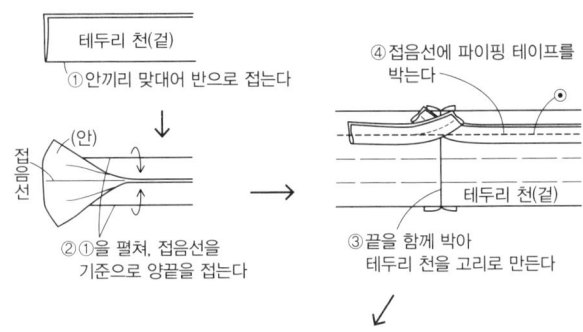

테두리 천(겉)
①안끼리 맞대어 반으로 접는다

접음선

(안)

②①을 펼쳐, 접음선을
기준으로 양끝을 접는다

④접음선에 파이핑 테이프를
박는다

테두리 천(겉)

③끝을 함께 박아
테두리 천을 고리로 만든다

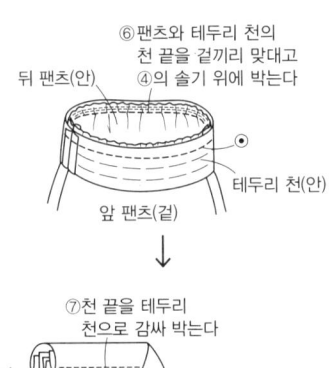

⑤성긴 바늘땀으로 2줄 박고
테두리 천 치수만큼 실을 당겨 줄인다

뒤 팬츠(안)
0.3
0.8
앞 팬츠(겉)
밑아래
옆

⑥팬츠와 테두리 천의
천 끝을 겉끼리 맞대고
④의 솔기 위에 박는다

뒤 팬츠(안)
테두리 천(안)
앞 팬츠(겉)

⑦천 끝을 테두리
천으로 감싸 박는다

테두리 천
파이핑 테이프
(안)
팬츠(겉)

C-6 컬러풀 오버 팬츠

--> p.36

●**필요한 옷본**(실물 대형 옷본 B면)
앞 팬츠, 뒤 팬츠
・앞뒤 벨트는 재단 배치도에 표시된 치수를
천에 그려서 자른다

●**재료**(100／110／120／130／140 사이즈)
겉감 A, 겉감 B(면) 106cm 폭 각 30cm／40cm／
　40cm／40cm／40cm
겉감 C(면) 106cm 폭 10cm
고무줄 0.6cm 폭 45cm／49cm／53cm／57cm／
　61cm(허리 분량), 66cm／70cm／74cm／76cm／
　80cm(밑단 입구 분량)

●**자르는 법 포인트**
좌우 팬츠의 색 구분이 틀리지 않도록
팬츠는 겉감 A, B를 안끼리 맞댄 뒤 배치한다

●**박기 전 준비**
・밑아래 시접을 천의 겉쪽에서 지그재그 박기 한다
・밑단을 완성선에 맞추어 다리미로 2번 접는다

●**박는 법**
①옆을 박는다. 앞뒤를 겉끼리 맞대어 박고
　시접은 뒤쪽으로 눕힌다(→ p.74)
②밑아래를 박는다(→ p.81)
③밑단을 2번 접어 박고 고무줄을 넣는다(→ p.81)
④밑위를 앞뒤 이어서 박는다.
　좌우 팬츠를 겉끼리 맞대어 박고
　시접은 오른쪽 팬츠 쪽으로 눕힌다(→ p.75)
⑤벨트 옆을 박는다(→ p.81)
⑥벨트를 팬츠에 붙이고 고무줄을 넣는다(→ p.81)

●**재단 배치도**

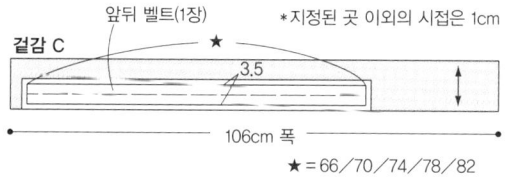

앞뒤 벨트(1장)
　＊지정된 곳 이외의 시접은 1cm
겉감 C
　3.5
106cm 폭
★ = 66／70／74／78／82

겉감 A, 겉감 B

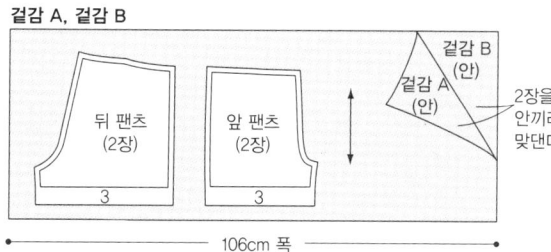

뒤 팬츠
(2장)
3
앞 팬츠
(2장)
3
겉감 B
(안)
겉감 A
(안)
2장을
안끼리
맞댄다
106cm 폭

●**박는 순서**

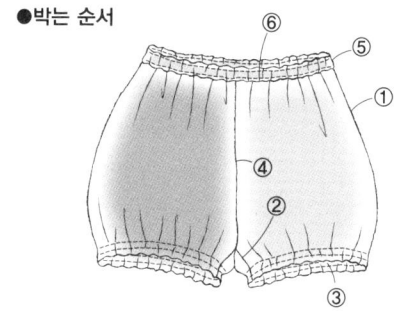

②**밑아래를 박는다**

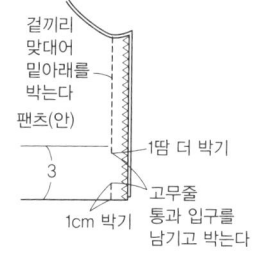

겉끼리
맞대어
밑아래를
박는다
팬츠(안)
1땀 더 박기
3
1cm 박기
고무줄
통과 입구를
남기고 박는다

③**밑단을 2번 접어 박고
고무줄을 넣는다**

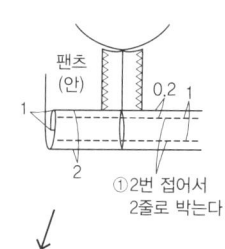

팬츠
(안)
0.2　1
1
2
①2번 접어서
2줄로 박는다

팬츠
(안)
②통과 입구로 밑단 입구
분량 1/2의 고무줄을 넣고
고무줄 끝을 1cm
겹쳐 박는다

⑤**벨트 옆을 박는다**

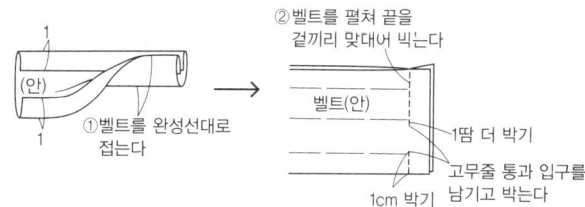

1
(안)
1
①벨트를 완성선대로
접는다
②벨트를 펼쳐 끝을
겉끼리 맞대어 박는다
벨트(안)
1땀 더 박기
1cm 박기
고무줄 통과 입구를
남기고 박는다

⑥**벨트를 팬츠에 붙이고 고무줄을 넣는다**

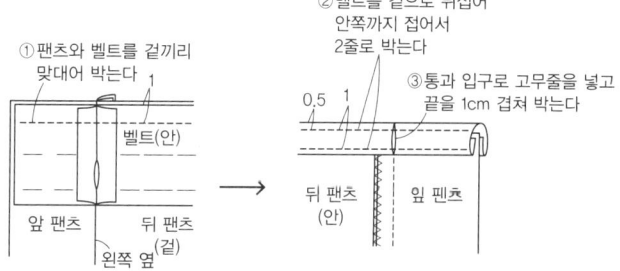

①팬츠와 벨트를 겉끼리
맞대어 박는다
1
벨트(안)
앞 팬츠
뒤 팬츠
왼쪽 옆

②벨트를 겉으로 뒤집어
안쪽까지 접어서
2줄로 박는다
③통과 입구로 고무줄을 넣고
끝을 1cm 겹쳐 박는다
0.5　1
뒤 팬츠
(안)
앞 팬츠

●**필요한 옷본**(실물 대형 옷본 C면)

앞 팬츠, 뒤 팬츠, 오버스커트, 앞 벨트, 뒤 벨트,
주머니, 주머니 안감
• 오버스커트는 실물 대형 옷본도 있지만
재단 배치도에 표시된 치수를 천에 직접 그려서 잘라도 좋다

●**재료**(100／110／120／130／140 사이즈)

겉감(마) 110cm 폭 90cm／1m／1m／1.1m／1.2m
다른 천(면) 40×25cm
접착테이프(앞 포켓 입구 분량) 1.5cm 폭 30cm
고무줄 3cm 폭 19cm／21cm／23cm／25cm／27cm
리본 장식 1개

●**박기 전 준비**(→p.73)

• 앞 포켓 입구의 시접 안쪽에 접착테이프를 붙인다
• 밑아래, 오버스커트의 옆 시접을
천의 겉쪽에서 지그재그 박기 한다
• 팬츠 밑단, 오버스커트 밑단을 완성선에
맞추어 다리미로 2번 접는다

●**박는 법**

① 뒤 다트를 박는다(→ p.73)
② 앞 포켓을 만든다(→ p.74)
③ 앞 턱을 접는다(→ p.74)
④ 팬츠 옆을 박는다(→ p.74)
⑤ 밑아래를 박는다(→ p.74)
⑥ 밑단을 2번 접어 박는다
⑦ 밑위를 앞뒤 이어서 박는다(→ p.75)
⑧ 오버스커트 옆을 박는다.
　앞뒤를 겉끼리 맞대어 박고 시접을 가른다
⑨ 오버스커트 밑단을 2번 접어 박는다
⑩ 오버스커트에 개더를 잡아 팬츠와 맞댄다(→ p.82)
⑪ 벨트 옆을 박는다(→ p.75)
⑫ 벨트를 팬츠에 붙이고 고무줄을 넣는다(→ p.75＋p.82)

●**재단 배치도**

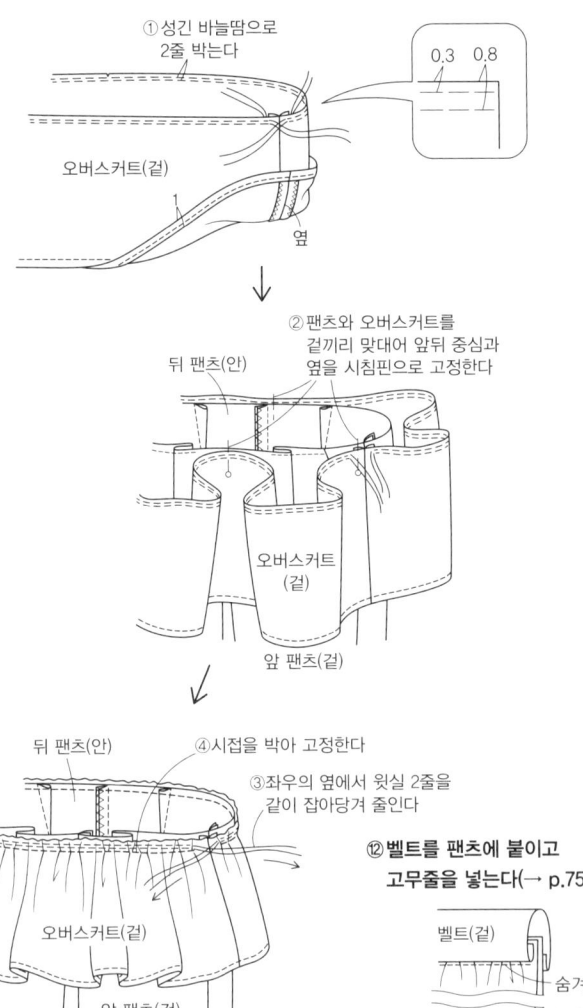

●**박는 순서**

⑩ **오버스커트에 개더를 잡아 팬츠와 맞댄다**

① 성긴 바늘땀으로
2줄 박는다

0.3 0.8

오버스커트(겉)

옆

② 팬츠와 오버스커트를
겉끼리 맞대어 앞뒤 중심과
옆을 시침핀으로 고정한다

뒤 팬츠(안)

오버스커트
(겉)

앞 팬츠(겉)

④ 시접을 박아 고정한다

③ 좌우의 옆에서 윗실 2줄을
같이 잡아당겨 줄인다

뒤 팬츠(안)

오버스커트(겉)

앞 팬츠(겉)

⑫ **벨트를 팬츠에 붙이고
고무줄을 넣는다**(→ p.75)

벨트(겉)
숨겨박기
오버스커트
(겉)
팬츠(겉)

재단 배치도 하단

겉감

＊지정된 곳 이외의 시접은 1cm
■는 안쪽에 접착테이프를 붙인다

앞뒤
오버스커트(2장)

골선☆

★

2

골선☆

★

2

앞 벨트(1장)

뒤 벨트(1장)

주머니
(2장)

앞 팬츠
(2장)

4

뒤 팬츠
(2장)

4

—— 110cm 폭 ——

다른 천

주머니
안감
(2장)

—— 40 ——

★ = 33.5／36／38.5／41／43.5
☆ = 13／14／15／16／17

(안)
1
1

(안)
2
2

C-8 리본 팬츠

--> p.38

●필요한 옷본(실물 대형 옷본 C면)

앞 팬츠, 뒤 팬츠, 앞 벨트, 뒤 벨트, 주머니,
주머니 안감, 포켓
· 리본은 재단 배치도에 표시된 치수를 천에 직접 그려서 자른다

●재료(100／110／120／130／140 사이즈)

겉감(면 목판 프린트) 108cm 폭 1.3m／1.5m／
　1.6m／1.8m／1.9m
접착테이프(앞 포켓 입구 분량) 1.5cm 폭 30cm
고무줄 3cm 폭 19cm／21cm／23cm／25cm／27cm

●박기 전 준비(→p.73)

· 앞 포켓 입구의 시접 안쪽에 접착테이프를 붙인다
· 밑아래, 포켓 둘레의 시접을 천의 겉쪽에서
　지그재그 박기 한다
· 밑단, 포켓 입구를 완성선에 맞추어 다리미로 2번 접는다

●박는 법

① 뒤 다트를 박는다(→ p.73)
② 뒤 포켓을 만들어 단다.
　 포켓 입구를 박고 둘레 시접을 완성선대로 접어 포켓을 만든다
　 뒤 팬츠의 포켓 다는 위치에 겹쳐 박는다(→ p.59)
③ 앞 포켓을 만든다(→ p.74)
④ 앞 턱을 접는다(→ p.74)
⑤ 옆을 박는다(→ p.74)
⑥ 밑아래를 박는다(→ p.74)
⑦ 밑단을 2번 접어 박는다
⑧ 밑위를 앞뒤 이어서 박는다(→ p.75)
⑨ 리본을 만든다(→ p.83)
⑩ 벨트 옆을 박는다(→ p.83)
⑪ 벨트를 팬츠에 붙이고 고무줄을 넣는다(→ p.75)

●재단 배치도

＊지정된 곳 이외의 시접은 1cm
▨는 안쪽에 접착테이프를 붙인다 ★ = 45／47／49／51／53

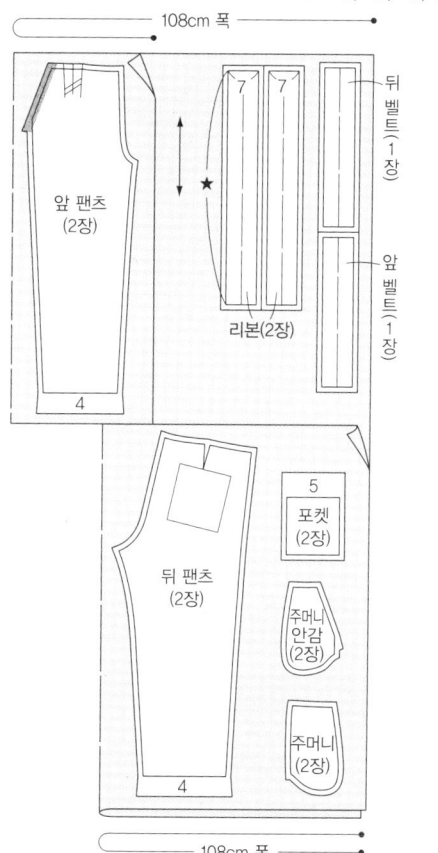

●박는 순서

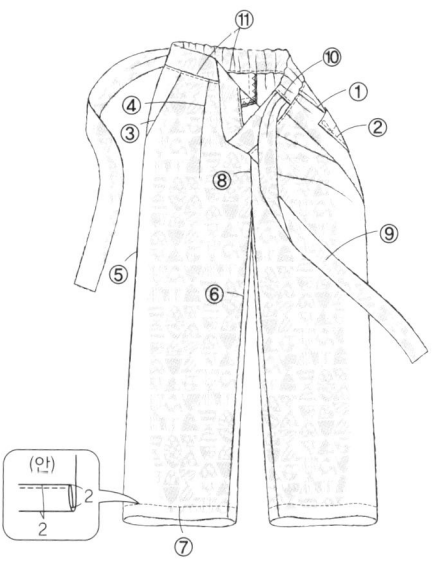

⑨ 리본을 만든다

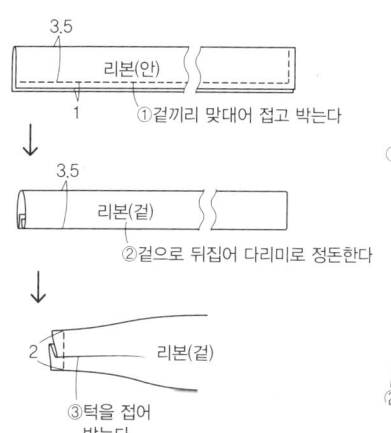

① 겉끼리 맞대어 접고 박는다

② 겉으로 뒤집어 다리미로 정돈한다

③ 턱을 접어 박는다

⑩ 벨트 옆을 박는다

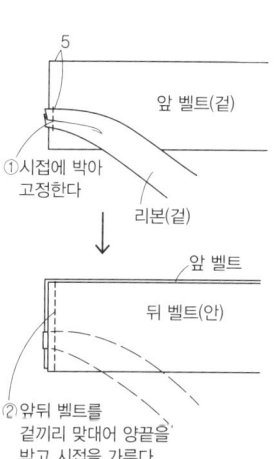

① 시접에 박아 고정한다

② 앞뒤 벨트를 겉끼리 맞대어 양끝을 박고 시접을 가른다

83

D-1 코듀로이 스커트

--> p.43

● **필요한 옷본(실물 대형 옷본 D면)**

앞뒤 스커트, 앞 벨트, 뒤 벨트, 주머니

• 실물 대형 옷본이 있지만 재단 배치도에 표시된
  치수를 천에 직접 그려서 잘라도 좋다.
  이때 포켓 다는 위치는 실물 대형 옷본에서 확인한다

● **재료(100／110／120／130／140 사이즈)**

겉감(가는 골 코듀로이) 108cm 폭 90cm／90cm／1m／
  1.1m／1.1m
다른 천(면) 40×25cm
접착테이프(오른쪽 앞 포켓 입구 분량) 1.5cm 폭 15cm
고무줄 3cm 폭 22cm／24cm／26cm／28cm／30cm

● **박는 법**

① 앞 스커트에 개더를 잡는다(→ p.85)
② 옆을 박고 오른쪽 옆에 포켓을 만든다(→ p.65)
③ 벨트 옆을 박는다(→ p.85)
④ 벨트를 스커트에 붙이고 고무줄을 넣는다(→ p.85)
⑤ 밑단을 2번 접어 박는다

● **재단 배치도**

겉감

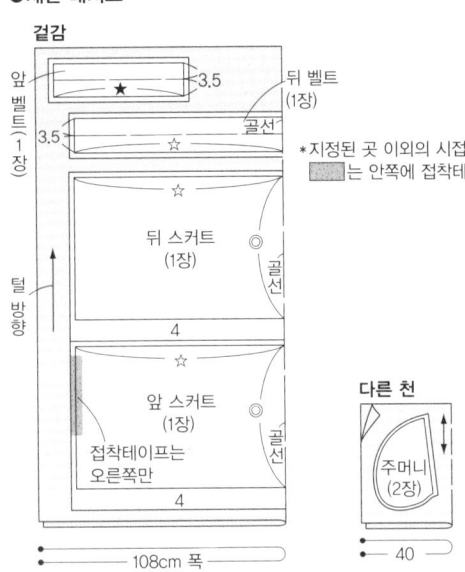

*지정된 곳 이외의 시접은 1cm
▨는 안쪽에 접착테이프를 붙인다

★ = 24／26／28／30／32
☆ = 38.5／42／45／48／51.5
◎ = 25／28／31／34／37

*털 결이 있는 코듀로이를 사용하므로
  각 옷본은 위아래를 정돈해 털 결과 역방향으로 배치한다

● **박는 순서**

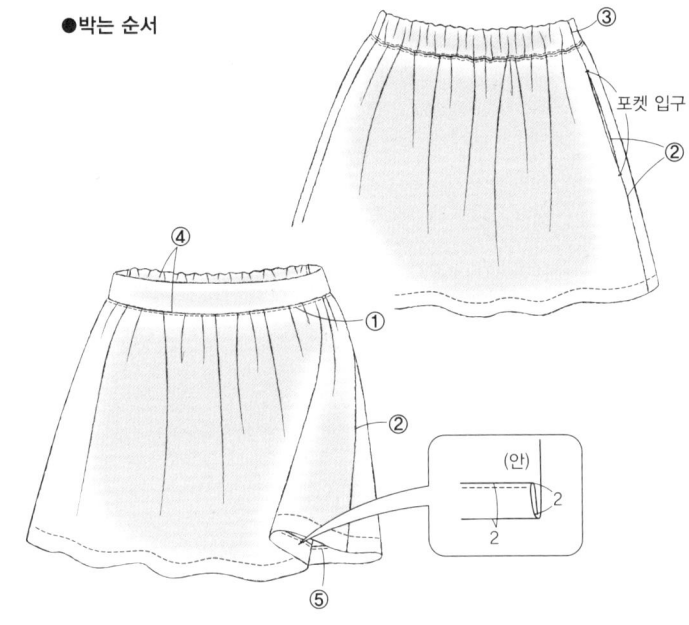

● **박기 전 준비**

• 오른쪽 앞 포켓 입구의 시접 안쪽에 접착테이프를 붙인다
• 스커트 옆, 주머니의 옆 시접을 천의 겉쪽에서 지그재그 박기 한다
• 밑단을 완성선에 맞추어 다리미로 2번 접는다

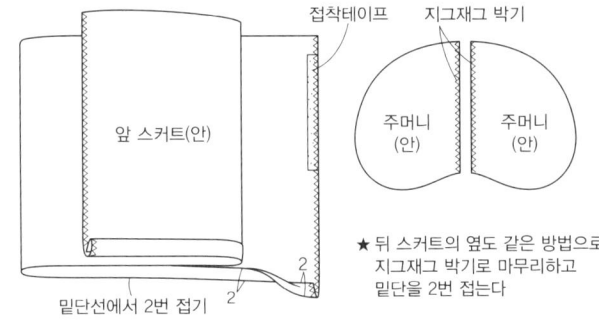

★ 뒤 스커트의 옆도 같은 방법으로
  지그재그 박기로 마무리하고
  밑단을 2번 접는다

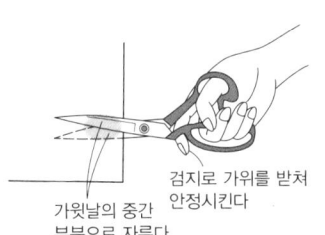

알면 좋은 POINT

천을 깔끔하게 자르는 가위 사용법

천을 자를 때는 천이나 가위를 위로
들어 올리지 않도록 아래쪽 가윗날을
바닥에 댄 채 자른다. 날 끝이 서로 맞
닿을 때까지 가위질하면 잘린 면이 흐
트러지기 때문에 날 끝이 서로 맞닿기
직전까지만 힘을 준다. 전용 가위를
사용하면 쉽게 자를 수 있다.

검지로 가위를 받쳐
안정시킨다

가윗날의 중간
부분으로 자른다

①앞 스커트에 개더를 잡는다

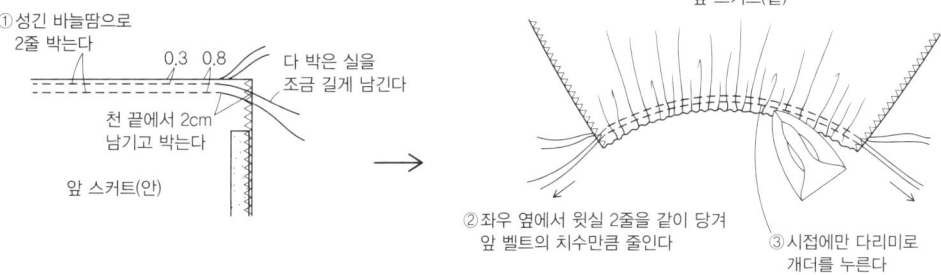

①성긴 바늘땀으로
2줄 박는다

0.3 0.8

다 박은 실을
조금 길게 남긴다

천 끝에서 2cm
남기고 박는다

앞 스커트(안)

앞 스커트(겉)

②좌우 옆에서 윗실 2줄을 같이 당겨
앞 벨트의 치수만큼 줄인다

③시접에만 다리미로
개더를 누른다

③벨트 옆을 박는다

앞뒤를 겉끼리 맞대어
옆을 박고 시접을 가른다

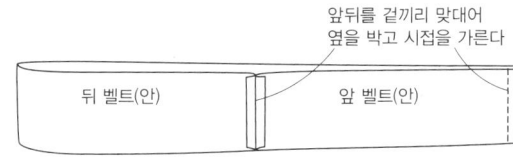

뒤 벨트(안)   앞 벨트(안)

④벨트를 스커트에 붙이고 고무줄을 넣는다

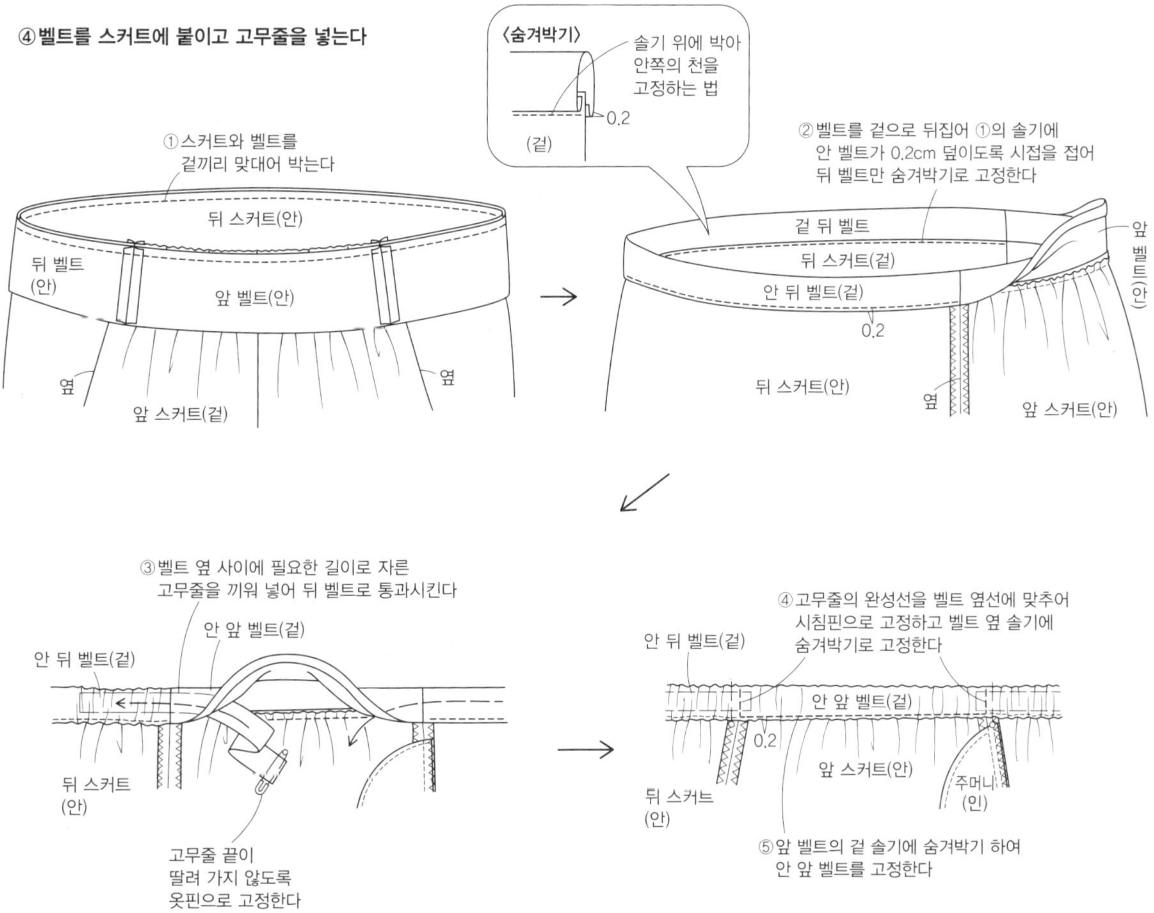

〈숨겨박기〉
솔기 위에 박아
안쪽의 천을
고정하는 법

0.2

(겉)

①스커트와 벨트를
겉끼리 맞대어 박는다

뒤 스커트(안)

뒤 벨트
(안)

앞 벨트(안)

옆   옆

앞 스커트(겉)

②벨트를 겉으로 뒤집어 ①의 솔기에
안 벨트가 0.2cm 덮이도록 시접을 접어
뒤 벨트만 숨겨박기로 고정한다

겉 뒤 벨트

뒤 스커트(겉)

안 뒤 벨트(겉)

0.2

앞
벨트
(안)

뒤 스커트(안)

옆   앞 스커트(안)

③벨트 옆 사이에 필요한 길이로 자른
고무줄을 끼워 넣어 뒤 벨트로 통과시킨다

안 앞 벨트(겉)

안 뒤 벨트(겉)

뒤 스커트
(안)

고무줄 끝이
딸려 가지 않도록
옷핀으로 고정한다

④고무줄의 완성선을 벨트 옆선에 맞추어
시침핀으로 고정하고 벨트 옆 솔기에
숨겨박기로 고정한다

안 뒤 벨트(겉)

안 앞 벨트(겉)

0.2

뒤 스커트
(안)

앞 스커트(안)

주머니
(안)

⑤앞 벨트의 겉 솔기에 숨겨박기 하여
안 앞 벨트를 고정한다

D-2 더블 포켓 스커트

--> p.44

●필요한 옷본(실물 대형 옷본 D면)

앞뒤 겉 스커트, 앞 벨트, 뒤 벨트, 포켓

· 실물 대형 옷본도 있지만, 재단 배치도에 표시된
  치수를 천에 직접 그려서 잘라도 좋다.
  이때 포켓 다는 위치는 실물 대형 옷본에서 확인한다
· 안 스커트의 옷본은 겉 스커트를 이용하며
  길이를 3cm 짧도록 만든다

●재료(100／110／120／130／140 사이즈)

겉감(면) 106cm 폭 1.3m／1.4m／1.5m／1.8m／1.9m
다른 천 A(도트 무늬 면) 20×20cm
다른 천 B(스트라이프 무늬 면) 20×20cm
고무줄 3cm 폭 22cm／24cm／26cm／28cm／30cm

●자르는 법 포인트

130과 140 사이즈는 스커트와 벨트를 나란히 재단할 수
없으므로 p.84의 D-1과 같은 모양으로 배치한다

●박기 전 준비

· 겉 스커트와 안 스커트의 옆, 포켓의 시접을
  천의 겉쪽에서 지그재그 박기 한다
· 겉 스커트와 안 스커트의 밑단, 포켓 입구를
  완성선에 맞추어 다리미로 2번 접는다

●박는 법

①겉 스커트와 안 스커트의 옆을 박는다.
  앞뒤를 겉끼리 맞대어 박고 시접을 가른다
②포켓을 만들어 겉 스커트에 단다(→ p.59)
③겉 스커트와 안 스커트의 밑단을 2번 접어 박는다
④겉 스커트와 안 스커트를 맞대어
  앞 스커트에 개더를 잡는다(→ p.86)
⑤벨트 옆을 박는다(→ p.85)
⑥벨트를 스커트에 붙이고 고무줄을 넣는다(→ p.85)

●재단 배치도

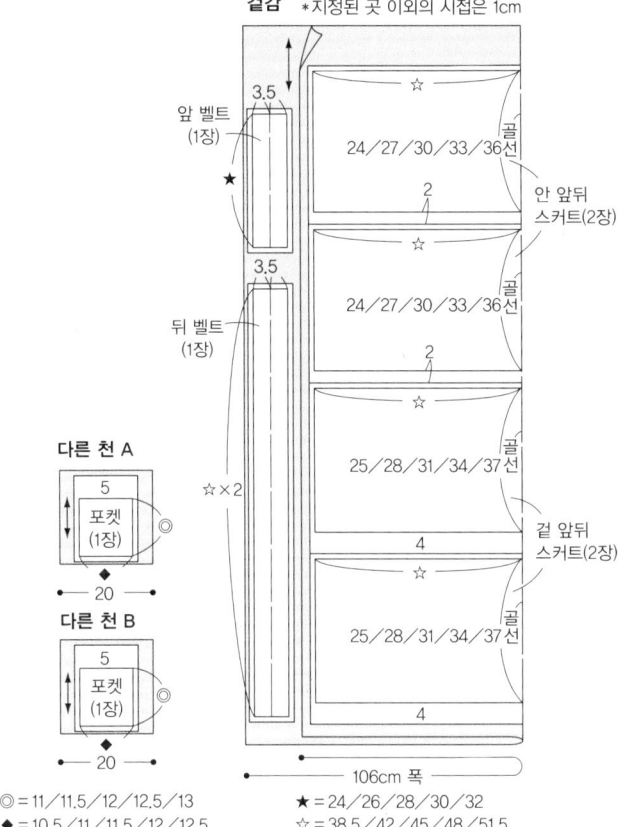

겉감   *지정된 곳 이외의 시접은 1cm

앞 벨트(1장) 3.5
뒤 벨트(1장) 3.5

안 앞뒤 스커트(2장) 24／27／30／33／36 골선 2
안 앞뒤 스커트(2장) 24／27／30／33／36 골선 2
겉 앞뒤 스커트(2장) 25／28／31／34／37 골선 4
겉 앞뒤 스커트(2장) 25／28／31／34／37 골선 4

☆×2

106cm 폭

다른 천 A

포켓(1장) 5 20

다른 천 B

포켓(1장) 5 20

◎ = 11／11.5／12／12.5／13
◆ = 10.5／11／11.5／12／12.5
★ = 24／26／28／30／32
☆ = 38.5／42／45／48／51.5

●박는 순서

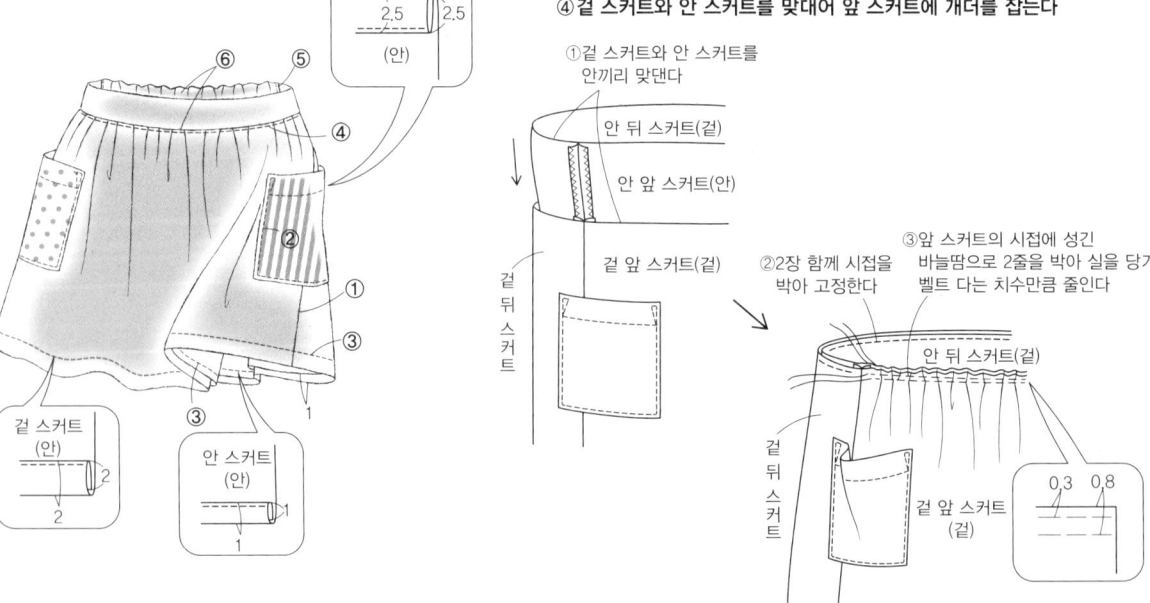

2.5 2.5 (안)

⑥ ⑤ ④ ② ① ③

겉 스커트(안) 2 2

안 스커트(안) ③ 1 1

③ 1

④겉 스커트와 안 스커트를 맞대어 앞 스커트에 개더를 잡는다

①겉 스커트와 안 스커트를
  안끼리 맞댄다

안 뒤 스커트(겉)
안 앞 스커트(안)
겉 앞 스커트(겉)

②2장 함께 시접을
  박아 고정한다

겉 뒤 스커트

③앞 스커트의 시접에 성긴
  바늘땀으로 2줄을 박아 실을 당겨
  벨트 다는 치수만큼 줄인다

안 뒤 스커트(겉)
겉 뒤 스커트
겉 앞 스커트(겉)

0.3 0.8

D-3 무늬 다른 스커트
--> p.46

●필요한 옷본(실물 대형 옷본 D면)
앞뒤 스커트, 앞뒤 벨트
실물 대형 옷본도 있지만 재단 배치도에 표시된
치수를 천에 직접 그려서 잘라도 좋다

●재료(100／110／120／130／140 사이즈)
겉감 A(깅엄 체크 면) 110cm 폭 30cm／40cm／
　40cm／40cm／50cm
겉감 B(스트라이프 무늬 면) 110cm 폭 30cm／40cm／
　40cm／40cm／50cm
다른 천(무지 면) 110cm 폭 20cm
고무줄 3cm 폭 46cm／50cm／54cm／58cm／62cm

●박기 전 준비
옆 시접을 천의 겉쪽에서 지그재그 박기 한다
밑단을 완성선에 맞추어 다리미로 2번 접는다

●박는 법
①옆을 박는다. 앞뒤를 겉끼리 맞대어 박고 시접을 가른다
②벨트 옆을 박는다(→ p.87)
③벨트를 스커트에 붙이고 고무줄을 넣는다(→ p.87)
④밑단을 2번 접어 박는다

●재단 배치도

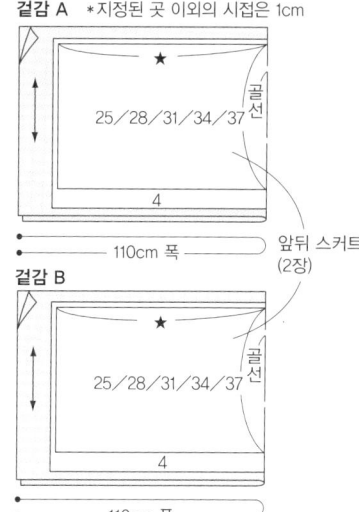

겉감 A　＊지정된 곳 이외의 시접은 1cm

★ = 38.5／42／45／48／51.5

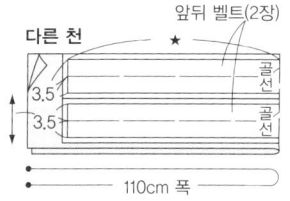

다른 천

●박는 순서

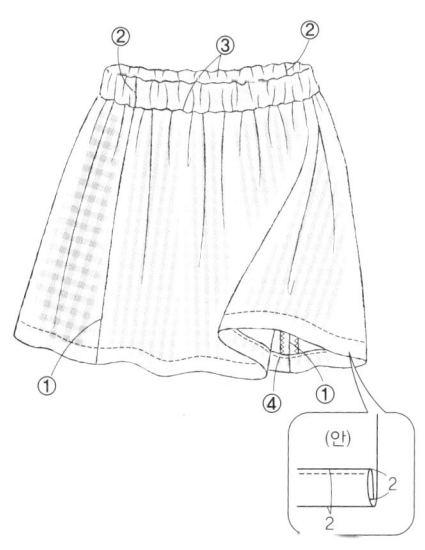

②벨트 옆을 박는다

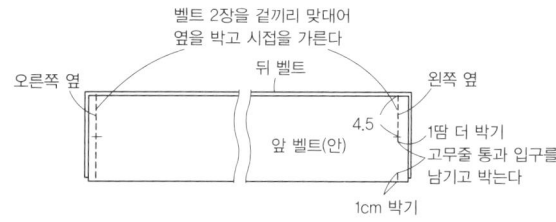

③벨트를 스커트에 붙이고 고무줄을 넣는다

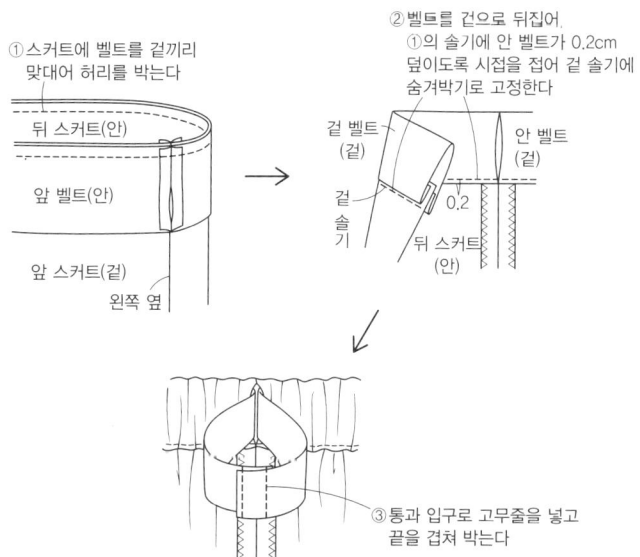

87

D-4 망사 스커트

--> p.47

●**필요한 옷본**(실물 대형 옷본 D면)

앞뒤 겉 스커트, 앞뒤 안 스커트
• 실물 대형 옷본도 있지만 재단 배치도에 표시된
  치수를 천에 직접 그려서 잘라도 좋다

●**재료**(100／110／120／130／140 사이즈)

겉감(부드러운 망사) 108cm 폭 1.3m／1.4m／
  1.6m／1.7m／1.8m
안감(면) 110cm 폭 40cm／40cm／40cm／50cm／50cm
면 테이프 1.5cm 폭 2m／2m／2.1m／2.1m／2.1m
고무줄 0.6cm 폭 45cm／49cm／53cm／57cm／61cm

●**자르는 법 포인트**

큰 사이즈도 천 폭 안에 겉감, 안감이 모두 들어가도록
그레이딩되어 있기 때문에 개더 분량이 약간 줄어든다

●**박기 전 준비**

• 안 스커트의 옆 시접을 천의 겉쪽에서 지그재그 박기 한다

●**박는 법**

① 겉 스커트의 옆을 박고 2장을 겹쳐
  허리에 개더를 잡는다(→ p.88)
② 안 스커트의 옆을 박고 시접을 가른다
③ 안 스커트의 밑단을 겉에서 지그재그 박기를 하고 접어 박는다
④ 겉 스커트와 안 스커트를 맞대어 면 테이프를 박는다(→ p.88)
⑤ 허리에 고무줄을 넣는다(→ p.88)
⑥ 나비매듭을 붙인다

●**재단 배치도**

겉감

31／34／37／40／43

★ = 48.5／51／53／53／53
◎ = 23／24.5／26／26／26
◆ = 29／32／35／38／41

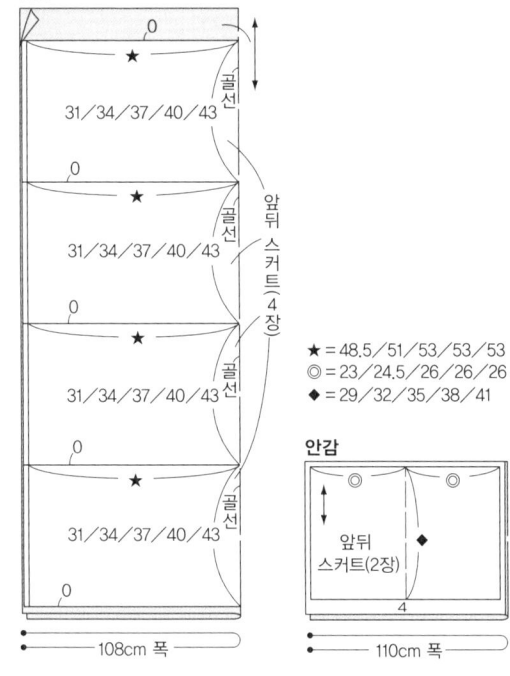

앞뒤 스커트(4장)

108cm 폭

안감

앞뒤 스커트(2장)

110cm 폭

●**박는 순서**

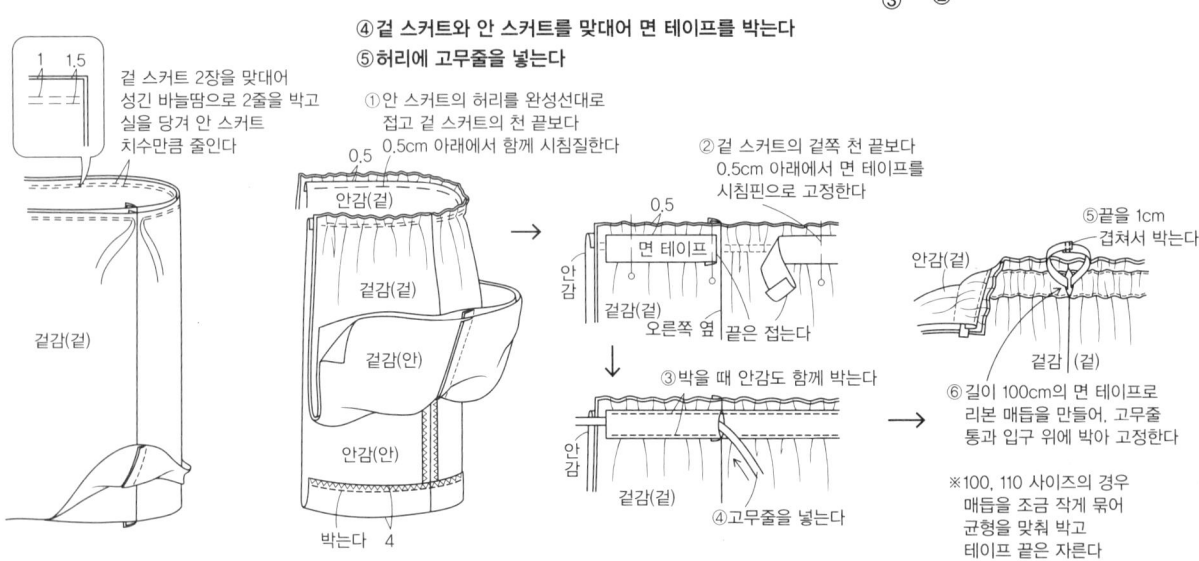

①**겉 스커트의 옆을 박고 2장을 겹쳐**
  허리에 개더를 잡는다

겉 스커트 2장을 맞대어
성긴 바늘땀으로 2줄을 박고
실을 당겨 안 스커트
치수만큼 줄인다

겉감(겉)

④**겉 스커트와 안 스커트를 맞대어 면 테이프를 박는다**
⑤**허리에 고무줄을 넣는다**

①안 스커트의 허리를 완성선대로
접고 겉 스커트의 천 끝보다
0.5cm 아래에서 함께 시침질한다

0.5

안감(겉)

겉감(겉)

겉감(안)

안감(안)

박는다 4

②겉 스커트의 겉쪽 천 끝보다
0.5cm 아래에서 면 테이프를
시침핀으로 고정한다

0.5

면 테이프

안감

겉감(겉)

오른쪽 옆 끝은 접는다

③박을 때 안감도 함께 박는다

안감

겉감(겉)

④고무줄을 넣는다

⑤끝을 1cm
겹쳐서 박는다

안감(겉)

겉감(겉)

⑥ 길이 100cm의 면 테이프로
리본 매듭을 만들어, 고무줄
통과 입구 위에 박아 고정한다

※100, 110 사이즈의 경우
매듭을 조금 작게 묶어
균형을 맞춰 박고
테이프 끝은 자른다

D-5 선드레스
--> p.48

●필요한 옷본(실물 대형 옷본 D면)
앞뒤 몸판, 앞뒤 스커트
· 실물 대형 옷본도 있지만 재단 배치도에 표시된
치수를 천에 직접 그려서 잘라도 좋다

●재료(100／110／120／130／140 사이즈)
겉감(면)　108cm 폭 1m／1.1m／1.1m／1.2m／1.3m
리본　0.6cm 폭 1.5m／1.6m／1.6m／1.7m／1.8m
셔링용 고무실 적당량

●박기 전 준비
· 몸판 옆, 스커트 옆의 시접을 천의 겉쪽에서
지그재그 박기 한다
· 몸판 상단, 스커트 밑단을 완성선에 맞추어
다리미로 2번 접는다

●박는 법
①몸판의 왼쪽 옆을 박는다.
　앞뒤를 겉끼리 맞대어 왼쪽 옆을 박고 시접을 가른다
②몸판 상단을 2번 접어 박는다
③스커트 옆을 박는다.
　앞뒤를 겉끼리 맞대어 양옆을 박고 시접을 가른다
④스커트에 개더를 잡아 몸판과 박는다(→ p.89)
⑤몸판에 셔링을 잡는다(→ p.89)
⑥리본을 박는다(→ p.89)
⑦밑단을 2번 접어 박는다

●재단 배치도

*지정된 곳 이외의 시접은 1cm

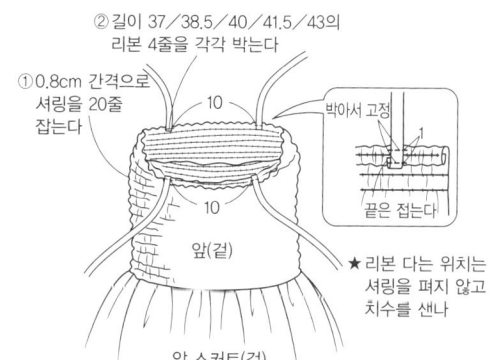

2
왼쪽 옆　앞뒤 몸판(1장)　☆골선　오른쪽 옆
골선
32／35／38／41／44
골선
앞뒤 스커트(2장)
4
32／35／38／41／44
골선
4
108cm 폭

★ = 40／42／44／46／48
☆ = 14.8／15.8／16.8／17.8／18.8

(안)
2
2

●박는 순서

①②③④⑤⑥⑦

④스커트에 개더를 잡아 몸판과 박는다

1 2번 접어 박기
뒤
앞(겉)
왼쪽 옆
0.3　0.8
①허리 시접에 성긴 바늘땀으로 2줄을 박아 몸판에 붙이는 치수만큼 실을 당겨 줄인다
②몸판과 스커트의 허리를 겉끼리 맞대어 박는다
뒤 스커트
앞 스커트(겉)

POINT
알면 좋은

고무 셔링을 예쁘게 잡는 법

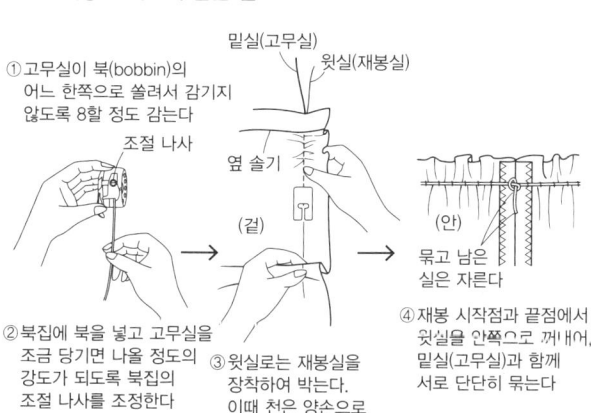

①고무실이 북(bobbin)의 어느 한쪽으로 쏠려서 감기지 않도록 8할 정도 감는다
조절 나사

②북집에 북을 넣고 고무실을 조금 당기면 나올 정도의 강도가 되도록 북집의 조절 나사를 조정한다

밑실(고무실)
윗실(재봉실)
옆 솔기
(겉)

③윗실로는 재봉실을 장착하여 박는다.
이때 천은 양손으로 잡아당기면서 박는다

(안)
묶고 남은 실은 자른다

④재봉 시작점과 끝점에서 윗실을 안쪽으로 꺼내어, 밑실(고무실)과 함께 서로 단단히 묶는다

⑤몸판에 셔링을 잡는다
⑥리본을 박는다

①0.8cm 간격으로 셔링을 20줄 잡는다

②길이 37／38.5／40／41.5／43의 리본 4줄을 각각 박는다

10
10
앞(겉)

박아서 고정
1
끝은 접는다

★리본 다는 위치는 셔링을 펴지 않고 치수를 센다

앞 스커트(겉)

D-6 에이프런 스커트
--> p.50

●**필요한 옷본**(실물 대형 옷본 D면)

앞뒤 스커트, 가슴받이, 앞 벨트, 뒤 벨트, 포켓, 포켓 입구 천
· 실물 대형 옷본도 있지만 재단 배치도에 표시된 치수를
천에 직접 그려서 잘라도 좋다. 이때 포켓 다는 위치는
실물 대형 옷본에서 확인한다. 멜빵은 재단 배치도에 표시된
치수를 천에 직접 그려서 자른다

●**재료**(100／110／120／130／140 사이즈)

겉감(데님) 116cm 폭 80cm／90cm／90cm／1m／1m
파이핑 테이프 1cm 폭 50cm／50cm／50cm／60cm／60cm
고무줄 3cm 폭 22cm／24cm／26cm／28cm／30cm
단추 지름 1.5cm 2개
둥근 고무줄(스트링) 6cm

●**박기 전 준비**

· 옆, 포켓, 포켓 입구 천의 시접을 천의 겉쪽에서
  지그재그 박기 한다
· 밑단을 완성선에 맞추어 다리미로 2번 접는다

●**박는 법**

①옆을 박는다. 앞뒤를 겉끼리 맞대어 박고 시접을 가른다
②포켓을 만들어 단다(→ p.91)
③앞 스커트에 개더를 잡는다(→ p.85)
④멜빵을 만든다
⑤멜빵을 끼워 가슴받이를 만든다(→ p.91)
⑥가슴받이에 앞 벨트를 붙인다(→ p.91)
⑦벨트 옆을 박는다(→ p.91)
⑧벨트를 스커트에 붙이고 고무줄을 넣는다(→ p.85)
⑨밑단을 2번 접어 박는다
⑩둥근 고무줄과 단추를 단다(→ p.91)

●**재단 배치도**

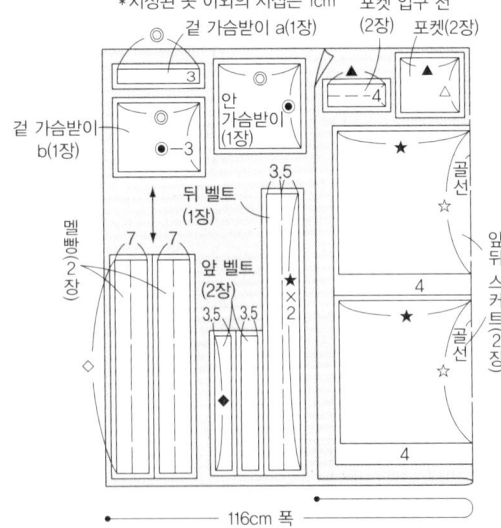

★ = 25／27／29／31／33
☆ = 25／28／31／34／37
◎ = 15.6／16.8／18／19.2／20.4
◉ = 15.5／16.5／17.5／18.5／19.5
◆ = 24／26／28／30／32
◇ = 40／42.5／45／47.5／50
▲ = 12／12.5／13／13.5／14
△ = 10.5／11／11.5／12／12.5

●**박는 순서**

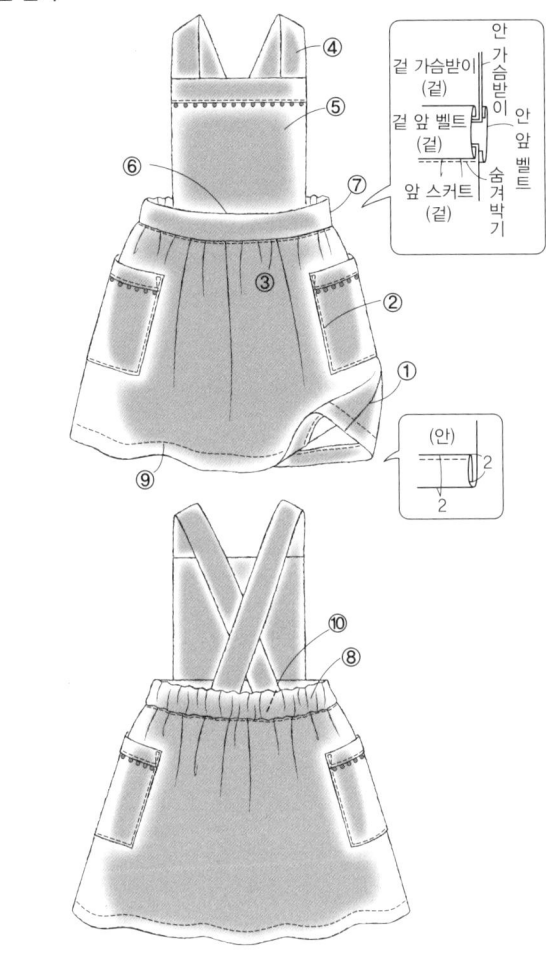

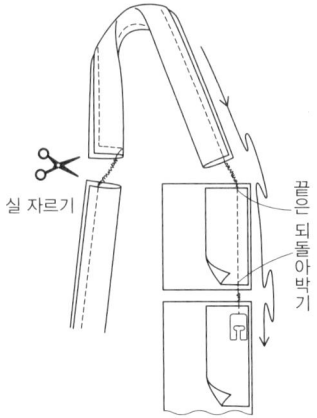

알면 좋은 POINT

작은 부분을 정리하여 박아두면 재봉 시간 단축

실 자르기

끝은 되돌아 박기

조금이라도 빨리 완성하고 싶을 때 권
하는 방법. 예를 들면 D-6 스커트의
경우 포켓이나 멜빵 등과 같은 부분을
박을 수 있도록 준비하고, 한 번의 재
봉으로 실을 끊지 않고 연이어서 박는
다. 다 박은 조각들 사이에 연결된 실
을 자른다. 이후의 박음질이나 다림질
도 가능한 한데 모아서 작업하는 것이
시간을 단축하는 요령이다.

② 포켓을 만들어 단다

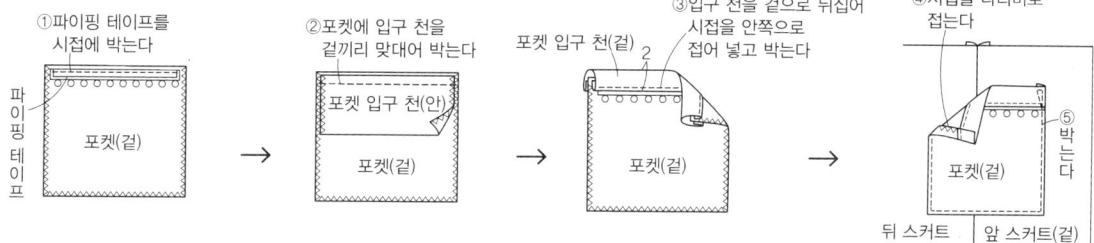

① 파이핑 테이프를 시접에 박는다

파이핑 테이프

포켓(겉)

② 포켓에 입구 천을 겉끼리 맞대어 박는다

포켓 입구 천(안)

포켓(겉)

③ 입구 천을 겉으로 뒤집어 시접을 안쪽으로 접어 넣고 박는다

포켓 입구 천(겉)

포켓(겉)

④ 시접을 다리미로 접는다

⑤ 박는다

포켓(겉)

뒤 스커트   앞 스커트(겉)

⑤ 멜빵을 끼워 가슴받이를 만든다

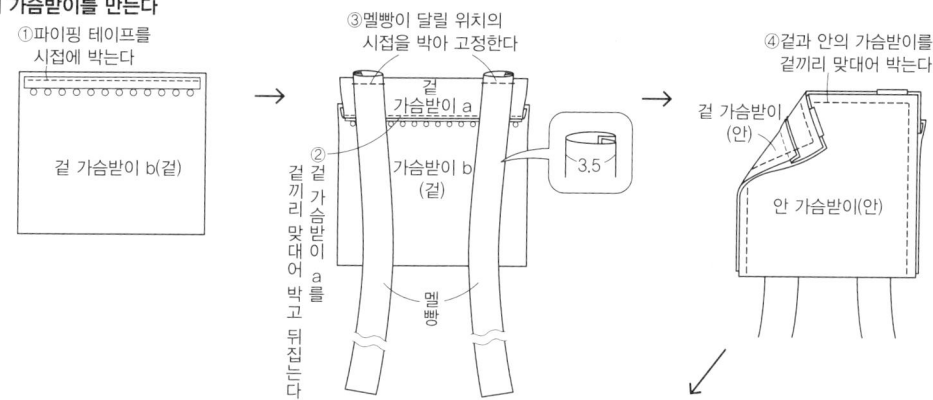

① 파이핑 테이프를 시접에 박는다

겉 가슴받이 b(겉)

③ 멜빵이 달릴 위치의 시접을 박아 고정한다

겉 가슴받이 a

가슴받이 b (겉)

② 겉 가슴받이 a를 겉끼리 맞대어 박고 뒤집는다

멜빵

3.5

④ 겉과 안의 가슴받이를 겉끼리 맞대어 박는다

겉 가슴받이 (안)

안 가슴받이(안)

⑥ 가슴받이에 앞 벨트를 붙인다

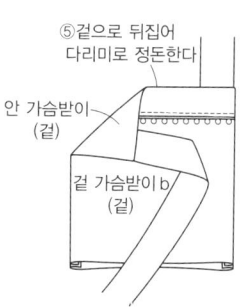

겉 가슴받이(겉)

겉 앞 벨트(안)

안 앞 벨트 (겉)

① 겉과 안의 앞 벨트를 겉끼리 맞대고 그 사이에 가슴받이를 끼워 박는다

↓

겉 가슴받이(겉)

겉 앞 벨트(겉)

② 겉으로 뒤집어 다리미로 정돈한다

⑤ 겉으로 뒤집어 다리미로 정돈한다

안 가슴받이 (겉)

겉 가슴받이 b (겉)

⑦ 벨트 옆을 박는다

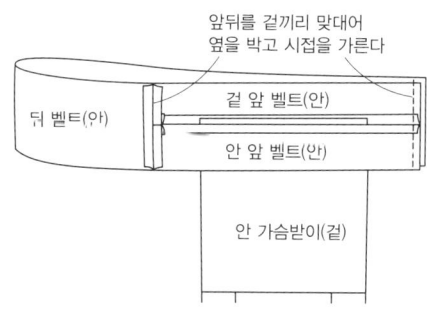

앞뒤를 겉끼리 맞대어 옆을 박고 시접을 가른다

뒤 벨트(안)

겉 앞 벨트(안)

안 앞 벨트(안)

안 가슴받이(겉)

⑩ 둥근 고무줄과 단추를 단다

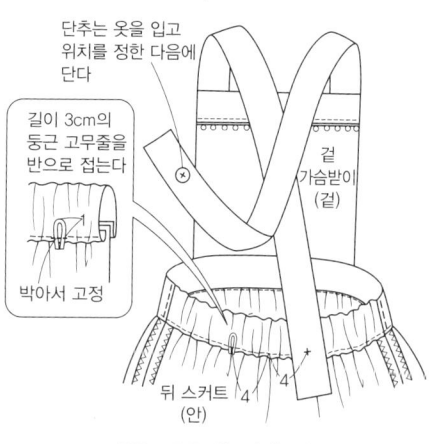

단추는 옷을 입고 위치를 정한 다음에 단다

길이 3cm의 둥근 고무줄을 반으로 접는다

박아서 고정

겉 가슴받이 (겉)

뒤 스커트 (안)

*둥근 고무줄 다는 위치는 허리의 고무줄을 늘이지 않은 상태에서 치수를 잰다

column 레슨 백
--> p.54

●재료
겉감(면) 50×65cm
안감(면) 70×65cm
퀼트 솜 50×65cm
면 테이프 3cm 폭 84cm
바이어스테이프(양끝이 접힌) 12.7cm 폭 60cm
네임 테이프 1.6cm 폭 6cm

●박는 법
① 겉주머니를 만든다
② 안주머니를 만든다
③ 안 포켓을 만든다
④ 겉주머니와 안주머니를 함께 박는다

●제도

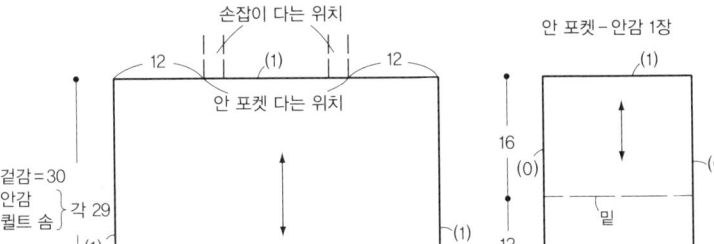

겉주머니-겉감 1장
안주머니-안감, 퀼트 솜 각 1장 ★( )의 숫자는 시접 치수

손잡이 다는 위치
12 (1) 12
안 포켓 다는 위치
겉감=30
안감 각 29
퀼트 솜
(1) (1)
3 3
3 골선 3
밑
44

안 포켓-안감 1장
(1)
16 (0) (0)
밑
12
포켓 입구 (0)
20

① 겉주머니를 만든다

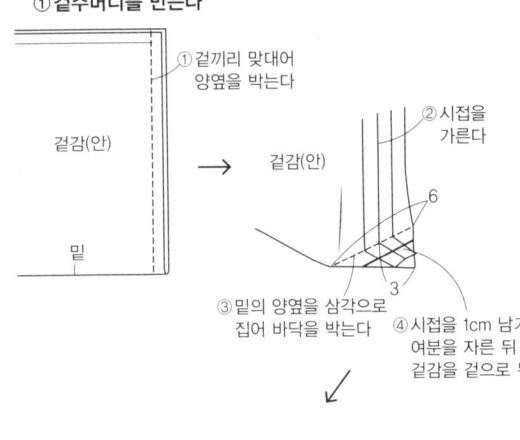

① 겉끼리 맞대어 양옆을 박는다
② 시접을 가른다
겉감(안)
겉감(안)
밑
6
③ 밑의 양옆을 삼각으로 집어 바닥을 박는다
④ 시접을 1cm 남기고 여분을 자른 뒤 겉감을 겉으로 뒤집는다

⑤ 길이 42cm의 면 테이프를 테이프 다는 위치의 시접에 임시로 고정한다

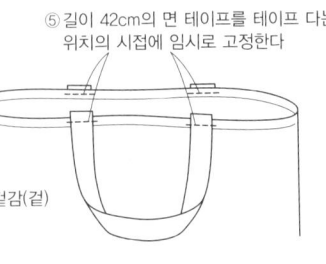

겉감(겉)

② 안주머니를 만든다

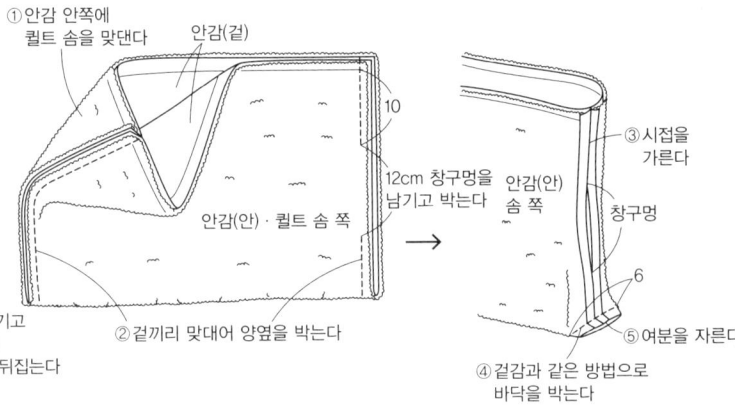

① 안감 안쪽에 퀼트 솜을 맞댄다
안감(겉)
10
② 겉끼리 맞대어 양옆을 박는다
안감(안)·퀼트 솜 쪽
12cm 창구멍을 남기고 박는다
④ 겉감과 같은 방법으로 바닥을 박는다
③ 시접을 가른다
안감(안) 솜 쪽
창구멍
6
⑤ 여분을 자른다

③ 안 포켓을 만든다

① 포켓 입구의 천 끝을 바이어스테이프로 감싸 박는다
2.5
안 포켓(겉)
② 네임 테이프를 붙인다
④ 양옆의 천 끝을 바이어스테이프로 감싸 박는다
안 포켓(겉)
③ 안끼리 맞대어 접는다
하단은 완성선대로 접어 넣는다
안감(겉)
⑤ 포켓 다는 위치의 시접에 임시로 고정한다
안 포켓

④ 겉주머니와 안주머니를 함께 박는다

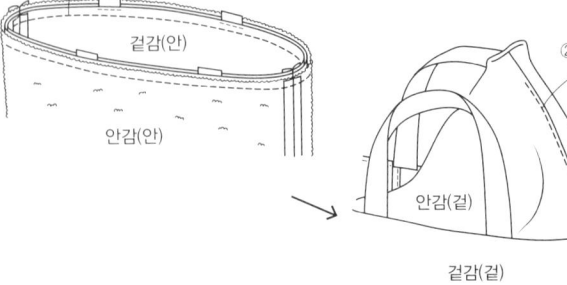

① 안주머니 속에 겉주머니를 겉끼리 맞대어 넣고 주머니 입구를 박는다
겉감(안)
안감(안)
② 창구멍을 이용해 겉으로 뒤집어 주머니를 정돈한 뒤 창구멍을 집어 박아서 고정한다
안감(겉)
겉감(겉)

column 슈즈 케이스
이동 포켓 --> p.54

●슈즈 케이스의 재료
겉감(면) 30×65cm
안감(면) 30×65cm
퀼트 솜 30×65cm
면 테이프 3cm 폭 32cm
네임 테이프 1.6cm 폭 6cm

●슈즈 케이스 박는 법 포인트
박는 순서는 p.92의 레슨 백 ①, ②, ④와 같다. 슈즈 케이스에서는 겉주머니의 주머니 입구에 1번 접은 손잡이와 천 고리를 임시로 고정한 뒤 안주머니와 함께 박는다

●이동 포켓의 재료
겉감(면) 20×30cm
안감(면) 20×50cm
파이핑 테이프 0.8cm 폭 20cm
네임 테이프 1.6cm 폭 5cm
이동 포켓용 클립 2개

●이동 포켓 박는 법
①끈을 만들어 겉감에 단다
②겉감과 안감 B를 박는다
③겉감과 안감 A를 박는다
④겉감과 안감을 함께 박아 뒤집는다

●슈즈 케이스의 제도

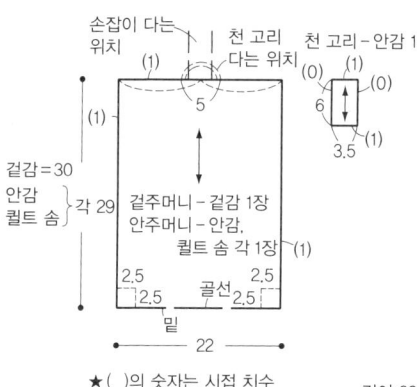

★( )의 숫자는 시접 치수

●슈즈 케이스 박는 법
손잡이와 천 고리를 붙인다

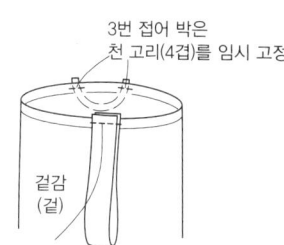

3번 접어 박은
천 고리(4겹)를 임시 고정

겉감
(겉)

길이 32의 면 테이프를
반으로 접어 붙일
위치의 시접에
임시로 고정한다

●이동 포켓의 제도

끈 – 겉감 1장

★( )의 숫자는 시접 치수

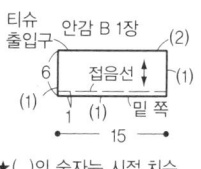

●이동 포켓 박는 순서
①끈을 만들어 겉감에 단다
②겉감과 안감 B를 박는다

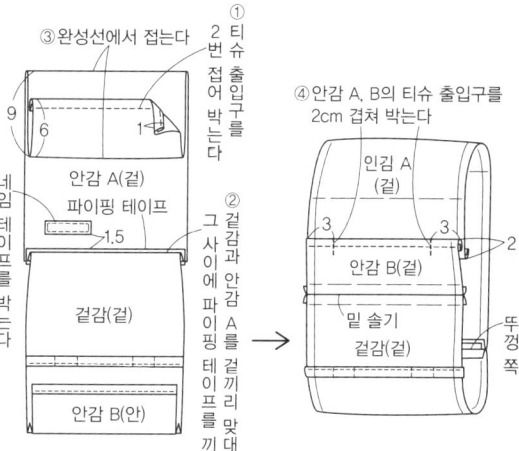

③겉감과 안감 A를 박는다

④겉감과 안감을 함께 박아 뒤집는다

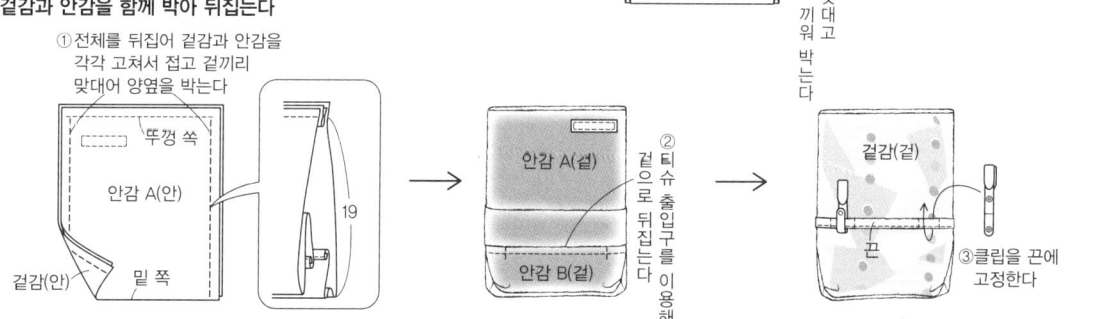

KANA'S STANDARD

for kids

북 디자인	Yurie Ishida(ME & MIRACO)
촬영(인물)	Yusuke Moriwaki
촬영(제품)	Yumiko Yokota(studio banban)
스타일링	Kana Sato
헤어 & 메이크업	Tomoko Takano
모델	Anne Chiba(Awesome)
옷본 제작	Noriyuki Tsuchiya
제작 협력	Akiko Sato
만드는 법 설명	Noriko Yamamura
트레이스	day studio Satomi Dairaku
옷본 그레이딩	Kazuhiro Ueno
옷본 트레이스	AZ-1(Ayako Shirai)
교열	Masako Mukai
편집	Ryoko Shigemori(p.1~56)
	Yoko Osawa(BUNKA PUBLISHING BUREAU)
일본어판 발행인	Sunao Onuma

스타일리스트 사토 카나의

사랑스럽고 예쁜
여자아이 옷

초판 1쇄 발행 2017년 5월 15일
초판 2쇄 발행 2019년 4월 20일

지은이 사토 카나
옮긴이 왕언경
감　수 문수연
펴낸이 명혜정
펴낸곳 도서출판 이아소
디자인 황경성

등록번호 제311-2004-00014호
등록일자 2004년 4월 22일
주소 04002 서울시 마포구 월드컵북로5나길 18 1012호
전화 (02)337-0446 **팩스** (02)337-0402

책값은 뒤표지에 있습니다.
ISBN 979-11-87113-12-6 13590

도서출판 이아소는 독자 여러분의 의견을 소중하게 생각합니다.
E-mail: iasobook@gmail.com

이 도서의 국립중앙도서관 출판예정도서목록(CIP)은 서지정보유통지원시스템 홈페이지
(seoji.nl.go.kr)와 국가자료공동목록시스템(nl.go.kr/kolisnet)에서
이용하실 수 있습니다. (CIP제어번호 : CIP2017009993)